कुछ मीठा कुछ खारा

(ग़ज़ल-संग्रह)

ओंकार सिंह 'विवेक'

अंजुमन प्रकाशन

Title : kuchh Meetha kuchh khara
Author : Onkar Singh 'Vivek'

Published By
Anjuman Prakashan
942, Mutthiganj, Prayagraj, 211003
www.anjumanpublication.com
anjumanprakashan@gmail.com

Printed and bound in Manipal Technologies Limited, Manipal, Karnataka
Paperback first published by Anjuman Prakashan in 2024

ISBN : 978-81-19562-89-3

Cover & Typeset by Anjuman Prakashan

Price in India: 250 /-

समर्पण

परिजनों, संबंधियों, साथी साहित्यकारों एवं सुधी पाठकों को समर्पित जिनके प्रोत्साहन से मुझे सदैव सार्थक सृजन की प्रेरणा मिलती है।

ओंकर सिंह 'विवेक'

कुछ मीठा कुछ खारा-पन है,
क्या-क्या स्वाद लिए जीवन है।

- ओंकार सिंह 'विवेक'

अनुक्रम

* सार्थक चिंतन के विभिन्न रंगों की प्रस्तुति : द्विजेन्द्र द्विज - 09
* सहज संवेदनाओं की ग़ज़लें : ओम प्रकाश 'नदीम' - 16
* आत्मकथ्य : ओंकार सिंह 'विवेक' - 18

1. अगर कुछ सरगिरानी दे रही है - 21
2. कुछ मीठा कुछ खारा-पन है - 22
3. ज़हीनों की महफ़िल में गर यार पढ़ना - 23
4. झूठ को सच बता गया कोई - 24
5. यक-ब-यक अपने लिए इतनी मुहब्बत देखकर - 25
6. खेतों की जो हरियाली है - 26
7. माँ का आशीष फल गया होगा - 27
8. खुले-से चौक-चौबारे नहीं हैं - 28
9. मुँह पर तो कितना रस घोला जाता है - 29
10. हर तरफ़ बरसात की तैयारियाँ अच्छी लगीं - 30
11. झुग्गियों का हक़ दबाना आ गया - 31
12. मसर्रत के गुलों से घर मेरा गुलज़ार होता है - 32
13. हँसते-हँसते तय रस्ते पथरीले करने हैं - 33
14. लुत्फ़ क्या आएगा शराफ़त में - 34
15. आजिज़ी तो है नहीं गुफ़्तार में - 35
16. चिंता ऐसे है मन के तहख़ाने में - 36
17. काम का भी ठिकाना नहीं है - 37
18. सभी के काम पर उसकी नज़र है - 38
19. काश! ऐसा दयार आ जाए - 39
20. ख़ुद को समझूँ जग की भी पहचान करूँ - 40
21. ये दिल यूँ ही नहीं ज़ख़्मी हुआ है - 41

22. दौर ख़िज़ाँ का जाएगा - 42
23. ज़ोर शब का न कोई चलना है - 43
24. सूचना क्या इलक्शन की जारी हुई - 44
25. कैसे कहें क़ुसूर हवा का नहीं रहा - 45
26. यूँ लगता है गुलों-सी ताज़गी है - 46
27. जब से हाड़ कँपाती निष्ठुर सर्दी आई है - 47
28. फ़िक्र फूली-फली नहीं होती - 48
29. दोस्तों को जो आज़मा बैठे - 49
30. उनके हिस्से चुपड़ी रोटी बिसलेरी का पानी है - 50
31. कभी कुछ शादमानी लिख रहा हूँ - 51
32. बैठता है दिल घुटन से क्या करें - 52
33. सालिम जब ईमान रहेगा - 53
34. मिटे हर नक़्श जग से तीरगी का - 54
35. बदला रातों-रात उन्होंने पाला है - 55
36. आग से माली के रिश्ते हो गए - 56
37. सब ख़ता इसमें आदमी की है - 57
38. शीशम साखू महुआ चंदन पीपल देते हैं - 58
39. दिल को छोटा क्यों करें इक हार से - 59
40. एक तो मंदा ये कारोबार का - 60
41. मिला दरिया भी प्यासा देखने को - 61
42. हम कैसे ठीक आपका ये मशवरा कहें - 62
43. दुश्मनों से तो नहीं है कोई ऐसा डर मुझे - 63
44. संग नफ़रत के सह न पाएगा - 64
45. अच्छे लोगों में जो उठना-बैठना हो जाएगा - 65
46. काँटों पर भी चलना है, ठोकर भी खानी है - 66
47. अब कहाँ इसमें पाकीज़गी रह गई - 67
48. ज़रा भी अगर फ़िक्र में धार होगी - 68

49. सामने गर ग़मों का पर्वत है - 69
50. वो जो शाख़ों से पत्ते झर गए हैं - 70
51. झूठ को इस दौर में क्या झूठ बतलाने लगे - 71
52. क्या ग़ज़ब है ये कि जब उम्र ढली जाती है - 72
53. बदला-बदला उसका लहजा लगता है - 73
54. और कुछ समझे थे हम गुफ़्तार से - 74
55. पंछी नभ में उड़ता था ये बात पुरानी है - 75
56. गर ज़रा सच की पैरवी कर दी - 76
57. जुमले और नारे ही सिर्फ़ उछाले हैं - 77
58. गए साल जैसा न फिर हाल होगा - 78
59. ख़ुद में जो विश्वास ज़रा पैदा हो जाता है - 79
60. जब उनकी यादों का आना होता है - 80
61. जिसका साहस जाग उठा हो ठोकर खाने से - 81
62. चिपके रहते हों जब सारे बच्चे गूगल-ज्ञानी से - 82
63. है ये छल-भर और नहीं कुछ - 83
64. प्यार-वफ़ा से जिनको रग़बत होती है - 84
65. इक बाग़बाँ के दस्ते-हुनर के कमाल से - 85
66. कोहरे-धुंध के रोब में आना पड़ता है - 86
67. इसको लेकर ही उनको दुश्वारी है - 87
68. जब से मुजरिम पकड़के लाए हैं - 88
69. याद फिर उनकी दिलाने पे तुली है दुनिया - 89
70. फ़िक्र के पंछियों को उड़ाया बहुत - 90
71. बस मंज़िल की ठाने हैं - 91
72. सुख का है क्या साधन जो अब पास नहीं - 92
73. नहीं हैरत, जो हमसे हो रही है - 93
74. ख़ूब देकर ख़बर गया मौसम - 94
75. कहीं उम्मीद से कम हो रही है - 95

76. वक़्त ने जो निगाह टेढ़ी की - 96
77. है उसमें बड़ा हौसला जानते हैं - 97
78. इसे ले चल मुनासिब रास्ते पर - 98
79. कुओं-तालों में अब पानी नहीं है - 99
80. लोग जब सादगी से मिलते हैं - 100
81. इक मुकम्मल बयान तक पहुँची - 101
82. साँस लेते ही मैं निढाल हुआ - 102
83. अलग जीवन की रंगत हो गई है - 103
84. रौशनी का यही निशाना है - 104
85. हौसले जिनके जगमगाते हैं - 105
86. महफ़िल में सबको अपना परस्तार कर दिया - 106
87. कवि/ग़ज़लकार-परिचय - 107

सार्थक चिंतन के विभिन्न रंगों की प्रस्तुति

द्विजेन्द्र द्विज

ग़ज़ल के शे'र सड़क से संसद तक दोहे और चौपाई की तरह उद्धृत किए जाते हैं। यह तथ्य ग़ज़ल विधा की अप्रतिम संप्रेषण संपन्नता और मारक क्षमता का परिचायक है। ग़ज़ल विधा के विस्तृत कैनवस पर हमारे समस्त जीवनानुभव उभर आते हैं। शा'इर अपनी अनुभूतियों को शे'र के दो मिसरों में अविस्मरणीय, उद्धरणीय और अपने अलग अंदाज़ में प्रस्तुत करता है। यह ख़ूबी ओंकार सिंह 'विवेक' के प्रस्तुत संग्रह 'कुछ मीठा कुछ खारा' में भी है। कुछ मीठा कुछ खारा उनकी ग़ज़ल यात्रा का दूसरा पड़ाव है जबकि उनका पहला ग़ज़ल संग्रह 'दर्द का अहसास' वर्ष 2021 में प्रकाशित हो चुका है।

श्री ओंकार सिंह 'विवेक' को ग़ज़ल विधा के भाव पक्ष और कला पक्ष दोनों की समझबूझ है, उनके शे'रों की कहन का एक अपना ही अंदाज़ है। यही नहीं ग़ज़ल के परिष्कार को लेकर उनका विद्यार्थी भाव भी सराहनीय है।

प्रस्तुत संकलन की तमाम ग़ज़लों को पढ़ लेने के बाद ओंकार जी का यह शे'र बार-बार याद आएगा—

ज़ह्न में इक अजीब हलचल है,
शे'र ऐसे सुना गया कोई।

निःसंदेह इन ग़ज़लों को पढ़ कर मन मस्तिष्क में मचने वाली अजीब हलचल और बेचैनी इस संजीदा शा'इर के चिंतन की व्यापकता का पता देती है। ओंकार सिंह 'विवेक' अपने समय की चिंताओं और चुनौतियों को, जीवन के मीठे और खारेपन

को उसकी समग्रता में अपने सजग चिंतन के विभिन्न रंगों में प्रस्तुत करते हैं। वे अपने जागृत 'विवेक', अनुभव और भाव संपन्नता के साथ सहज, सरल और आमफ़हम भाषा में शे'र कहते हैं। चुप्पियाँ अगर महत्वपूर्ण संदेश हैं तो साथ ही समय की माँग पर मुखर हो जाना भी अत्यंत आवश्यक है। शे'र–

ध्यान सभी का देखा ख़ुद पर तो जाना,
चुप रह कर भी कितना बोला जाता है।

हरदम तो ख़ामोशी ओढ़ नहीं सकते,
यार कभी तो मुँह भी खोला जाता है।

उनके मुखर होने की यही आकस्मिकता, विवशता और आवश्यकता, उनके शे'रों की प्रभावशाली और प्रशंसनीय प्रश्नवाचकता में ढलती है –

इंसानियत का दर्स ही जब सबका अस्ल है,
फिर क्यों किसी भी धर्म को आख़िर बुरा कहें?

है रहज़नों से उनका यहाँ राबिता-रसूख़,
तुम फिर भी कह रहे हो उन्हें रहनुमा कहें?

ओंकार सिंह 'विवेक' मानते हैं कि सियासत और शराफ़त परस्पर विरोधी शब्द हैं। वे कहते हैं–

लुत्फ़ क्या आएगा शराफ़त में,
आप अब आ गए सियासत में

जनापेक्षाओं को धता बता कर सियासतदाँ अपने हित में चोला और पाला बदलना जानता है। सियासत के पास ख़रीदो-फ़रोख़्त का हथकंडा है, 'हॉर्स ट्रेडिंग' राजनैतिक विवशता है—

बदला रातों - रात उन्होंने पाला है,
शायद जल्द इलक्शन आने वाला है

आप सियासत-दाँ हैं, ख़ूब समझते हैं,
बदला कैसे हर दिन चोला जाता है

सियासत आम आदमी को 'विवेक' शून्य बनाने पर तुली रहती है। सियासत की ज़मीन को उपजाऊ रहने के लिए घृणा और नफ़रत का उर्वरक चाहिए। यह पीड़ा ओंकार सिंह 'विवेक' के शे'रों में इस तरह ढलती है —

इंसाँ ही प्यासा हो गया इंसाँ के ख़ून का,
वहशत नहीं कहें तो इसे और क्या कहें।

अम्नो-अमाँ की बातें करने वालों के,
हाथों में कैसे ये बरछी-भाले हैं।

फलें-फूलें न क्यों नफ़रत की बेलें,
सियासत खाद-पानी दे रही है।

पूर्वाग्रहों के अँधेरों के पक्षधर मानसिक रोगी ही तो हैं—

हिमायत वो ही करता है त'अस्सुब के अँधेरों की,
हमेशा ज़ह्न से जो आदमी बीमार होता है।

सियासी हठधर्मिता, प्यार की धरती पर नफ़रत की बेलें उगाने और नफ़रत के टीले फैलाने पर तुली हुई है। ये विष बेलें और घृणा के टीले आपसी सद्भाव और सौहार्द से ही ध्वस्त हो सकते हैं-

जैसे भी संभव हो पाए, प्यार की धरती से,
ध्वस्त हमें मिलकर नफ़रत के टीले करने हैं।

वन- संपदा को निरंतर निगलते जा रहे शहरीकरण के अजगर के आतंक पर ओंकार सिंह 'विवेक' का मर्मस्पर्शी शे'र—

बारहा रोता है दिल ये सोचकर,
वन कटेंगा शह्र के विस्तार में ।

'विवेक' जी के शे'रों में गेहूँ के दाने में घुन जैसी मन के तहख़ाने में बैठी चिंताएँ हैं, दिल के वीराने में यादों के डेरे की रौनक़ भी है, झील सी नीली आँखों में चाहत के संसार की झलक भी है। सौदाई के स्वप्न जैसी ज़िन्दगी में आस की सुनहरी धूप है तो मायूसी की धुंध भी है, स्वार्थी रिश्तों से मिली कड़वाहट है तो सुहानी यादों की मिठास भी है—

उनकी याद ने दिल में क्या डेरा डाला,
रौनक़ ही रौनक़ है इस वीराने में

हमें झील- सी नीली आँखों में उनकी,
लगा अच्छा चाहत का संसार पढ़ना।

'प्राण जायें पर वचन न जाई' की रीति अब पुरानी होती जा रही है, ऐसे में यह शे'र—

शुक्र समझो कि इस ज़माने में,
क़ौल अपना निभा गया कोई।

आभासी दुनिया को, आज के समाज को अपने अंतर्मन को सजाने की चिंता कम और बाहरी दिखावे की धुन अधिक है—

फ़िक्र नहीं है आज किसी को रूह सजाने की,
सबको एक ही धुन है, जिस्म सजीले करने हैं।

औरों में मीन-मेख निकालने वालों के पास अपने चरित्र को पढ़ने की चिंता नहीं है–

सदा करते रहते हो तनक़ीद सब पर,
कभी आप अपना भी किरदार पढ़ना।

अपने श्रम से, अपने ख़ून पसीने से इतिहास रचने वाले श्रमिक की व्यथा और किसान की पीड़ा सदियों के अंतराल के बाद भी जस की तस है। श्री ओंकार सिंह 'विवेक' का यह मार्मिक शे'र —

उसे करना ही पड़ता है हर इक दिन काम हफ़्ते में,
किसी मज़दूर की क़िस्मत में कब इतवार होता है?

और अन्नदाता किसान की व्यथा—

दे जो सबको अन्न उगाकर,
उसकी ही रीती थाली है।

आजकल भ्रष्टाचार भी अपवाद नहीं रह गया है, नियम बन चुका है। नैतिक

मूल्यों के विघटन की इससे बड़ी मिसाल और क्या हो सकती है कि दूधिया पिता इस बात से ख़ुश है कि बेटे ने भी दूध में पानी मिलाना सीख लिया है। ओंकार सिंह 'विवेक' का शे'र—

दूधिया ख़ुश है कि बेटे को भी अब,
दूध में पानी मिलाना आ गया।

आत्म सम्मान अथवा ख़ुद्दारी जैसी चीज़ को ताक़ पे रखकर जी हुज़ूरी करने वाले लोग दरबारों की शोभा बढ़ाते हैं, श्रेष्ठ पद पाते हैं जबकि सच्चे लोग निर्वासन का दंश झेलने को विवश हो जाते हैं।

झूठे मंसब पाते हैं दरबारों में,
सच्चों की क़िस्मत में देश निकाला है।

'विवेक' 'जी -हुज़ूर' दरबारियों को यूँ चेताते हैं—

पड़ेगा हाथ बाँधे ही खड़े होना वहाँ तुमको,
मेरे भाई सुनो! दरबार तो दरबार होता है।

सियासत का काम जुमले और नारे उछालना है । असली समस्याओं को तो सियासत टालती भर है—

जुमले और नारे ही सिर्फ़ उछाले हैं,
मुद्दे तो हर बार उन्होंने टाले हैं।

जो समस्या अस्तित्व में ही नहीं है उसे काल्पनिक अस्तित्व देकर प्रस्तुत करना सियासत का आचरण है। जबकि शा'इर का आचरण सियासत के इस आचरण से असहमति है, ओंकार सिंह 'विवेक' पूछते हैं—

हम कैसे ठीक आपका ये मशवरा कहें,
जो मुद्दआ नहीं है उसे मुद्दआ कहें?

लोकतंत्र के अत्यंत महत्वपूर्ण स्तम्भ 'अख़बार' की ख़बरों पर उनका यह शेर भी समीचीन है–

कसौटी पर खरा ख़बरों की जिनको कह नहीं सकते,
भरा ऐसी ही ख़बरों से सदा अख़बार होता है।

सियासत की ज़हरीली मकड़ी एक अदृश्य भय बुनती है ; परिणामस्वरूप—

रात को कह रहा है दिन देखो,
ख़ौफ़ इतना दिखा गया कोई।

अम्न कैसे न आए दहशत में,
हर तरफ़ जंग की 'अलामत है।

मुजरिमों को नहीं है डर कोई,
ख़ौफ़ में अब फ़क़त 'अदालत है।

आँधियों की चुनौती के सामने दिये के जलते रहने के 'अज़्म के और भी बुलंद होने का सुखद मंज़र—

और भी जलने का उसमें हौसला कुछ बढ़ गया,
इक दिये को आँधियों की धमकियाँ अच्छी लगीं।

'हवाओं से सामना' एक अटल सत्य है, इस लिए चराग़ इस सत्य को कोई समस्या ही नहीं मानते—

मा'लूम है कि होगा हवाओं से सामना,
फिर किस लिए चराग़ इसे मसअला कहें।

आसमाँ का दंभ तोड़ने के लिए निरंतर पर तौले हुए परिंदों का हौसला—

गुमाँ तोड़ेंगे जल्दी आसमाँ का,
परिंदे हौसला हारे नहीं हैं।

पागल मौजों का ग़ुरूर तोड़ कर साहिलों की ओर लौटती कश्तियों के सुहाने दृश्य भी ओंकार सिंह 'विवेक' की ग़ज़लों में हैं—

तोड़कर सारा गुमाँ मग़रूर मौजों का 'विवेक',
साहिलों पर लौटती सब कश्तियाँ अच्छी लगीं।

जीवन पथ को चुनौतियों से भरपूर देखकर 'विवेक' जी कहते हैं –

हँसते - हँसते तय रस्ते पथरीले करने हैं,
हमको बाधाओं के तेवर ढीले करने हैं।

अगर कुछ सरगिरानी दे रही है,
ख़ुशी भी ज़िंदगानी दे रही है।

चलो मस्ती करें, ख़ुशियाँ मनाएँ,
सदा ये ऋतु सुहानी दे रही है।

एक और उद्धरणीय शे'र –

हो गया गुफ़्तगू से अंदाज़ा,
कौन रहता है कैसी सुहबत में ।

ख़यालों की ऐसी उड़ान 'विवेक' जी की ग़ज़लों को यूँ ही रवानी देती रहे! एक और ग़ज़ल संग्रह के लिए शुभकामनाओं सहित,

- द्विजेन्द्र द्विज

मो- 94184 65008
पता-13/160,
निकट गवर्नमेंट आई. टी. आई. घर्मशाला,
लोअर बड़ोल,
दाड़ी-176057,
हिमाचल प्रदेश

सहज संवेदनाओं की ग़ज़लें

ओम प्रकाश 'नदीम'

ओंकार सिंह 'विवेक' जी से मैरी मुलाक़ात वर्ष 1989-90 के दौरान हुई थी जब मैं उरई से स्थानांतरित होकर रामपुर गया था। वह इब्तिदाई दौर था। 'विवेक' साहब में सीखने की शुरु से ही ज़बरदस्त लगन थी। छोटी-छोटी गोष्ठियों में भी हम लोग शरीक होते थे। साहित्यिक कार्यक्रमों में कई बार हम लोगों का आना-जाना साथ ही होता था। बेहद सरल,विनम्र और सद्भावपूर्ण शख़्सियत के मालिक हैं 'विवेक' साहब। पहली ही मुलाक़ात में प्रभावित करने की अद्भुत क्षमता रखते हैं। इनके बारे मुख़्तसर- सी टिप्पणी मैंने इसलिए की है ताकि उनकी शा'इरी की कहन को आसानी से समझा जा सके। मैं उर्दू और हिन्दी ग़ज़ल में ख़ास फ़र्क़ नहीं देखता। बहुत सी हिन्दी ग़ज़लें ऐसी हैं कि अगर उन्हें उर्दू भाषा में लिख दिया जाए तो वे उर्दू की लगने लगेंगी। कई उर्दू की ग़ज़लों के साथ भी ऐसा ही है। ऐसा इसलिए है कि तकनीकी नज़रिए से देखें तो हिन्दी और उर्दू दो अलग-अलग भाषाएँ नहीं हैं क्योंकि दोनों भाषाओं का व्याकरण लगभग एक जैसा ही है। दोनों में केवल लिपि और शब्दावली का अंतर है बल्कि अब तो दोनों की शब्दावली भी हिन्दुस्तानी है। ओंकार सिंह 'विवेक', भले ही ख़ुद को हिन्दी का ग़ज़लकार कहते हों लेकिन उनकी ग़ज़लों में उर्दू के बहुत स्तरीय और शुद्ध साहित्यिक शब्दों का काफ़ी इस्तेमाल हुआ है। भाषा को लेकर वो किसी पूर्वाग्रह से ग्रस्त नहीं हैं और शायद इसीलिए उनकी ग़ज़लें हिन्दी-उर्दू के विवाद से परे हिन्दुस्तानी ग़ज़लें कही जा सकती हैं। हिन्दी के बहुत से ग़ज़लकार पूर्वाग्रह या ला-इल्मी की वज्ह से ग़ज़ल के व्याकरण पक्ष के प्रति बहुत गंभीर नज़र नहीं आते। ओंकार सिंह 'विवेक' साहब ने पूरी कोशिश की है कि ग़ज़ल का शिल्प/व्याकरण पक्ष कहीं से कमज़ोर न पड़ने पाए। इसमें वो सफल भी रहे हैं। 'विवेक' जी की ग़ज़लों में कथ्य पक्ष का फ़लक काफ़ी विस्तृत है।जीवन,घर-परिवार और समाज के सरोकार

उनकी ग़ज़लों को वो धरातल मुहैया कराते हैं जिस पर कलात्मक सौंदर्य के माध्यम से 'विवेक' साहब अपनी सुंदर रंगोली बनाते हैं। इनके चिंतन के दायरे में सामाजिक समस्याओं से जुड़े हुए प्रश्न सघन अनुभूति के साथ प्रकट होते हैं। जिन्हें वो ग़ज़ल के माध्यम से ख़ूबसूरती के साथ अभिव्यक्त करते हैं।

जब कोई विचार कलात्मक सौंदर्य के साथ अभिव्यक्त होता है तो निश्चित रूप से अभिभूत करता है।इस दृष्टि से 'विवेक' साहब की ग़ज़लें ध्यान आकृष्ट करती हैं।

सहज आदर्शवादी और मानवीय संवेदनाओं से लबरेज़ चिंतन ओंकार सिंह 'विवेक' जी की ग़ज़लों का मुख्य आधार है जो कहीं- कहीं नसीहत का रूप भी इख़्तियार कर लेता है। 'विवेक' साहब जब समस्याओं की बात करते हैं तो उनके लहजे में तल्ख़ सच्चाई नज़र आती है। वास्तव में साहित्यकार का धर्म भी यही है कि वो समाज को सच्चाई से रूबरू कराए।

यह 'विवेक' साहब का दूसरा शे'री मजमूआ' है।उनका पहला शे'री मजमूआ' "दर्द का एहसास" के नाम से वर्ष-2021 में मंज़र- ए-आम पर आ चुका है। मुझे उम्मीद है कि उनके लहजे में दिन-ब-दिन आने वाला निखार उनके सफ़र को इंफ़िरादियत की तरफ़ ले जाएगा।

हार्दिक शुभकामनाओं सहित!

- ओम प्रकाश 'नदीम'

मो० 9456460659

5-D/25, वृन्दावन कॉलोनी

तेली बाग़,लखनऊ - 226029

(उत्तर प्रदेश)

आत्मकथ्य

ओंकार सिंह 'विवेक'

मेरा पहला ग़ज़ल-संग्रह "दर्द का एहसास" वर्ष-2021 में प्रकाशित हुआ था।पहला ग़ज़ल-संग्रह प्रकाशित होने के बाद तमाम साहित्यिक मित्रों तथा शुभचिंतकों की अति उत्साहवर्धक प्रतिक्रियाएँ प्राप्त हुईं।इन उत्साहवर्धक प्रतिक्रियाओं से जहाँ एक और मनोबल में वृद्धि हुई तो दूसरी और अधिक सार्थक सृजन करने की प्रेरणा भी मिली।सभी साहित्यकार मित्रों, प्रशंसकों, पाठकों, श्रोताओं एवं परिजनों के सहयोग की परिणति मेरा यह दूसरा ग़ज़ल-संग्रह 'कुछ मीठा कुछ खारा' आपके हाथों में है।आपको मेरे इस दूसरे ग़ज़ल-संग्रह में उन रचनात्मक सुझावों का प्रभाव भी दिखाई देगा जो मुझे पहले ग़ज़ल-संग्रह के प्रकाशन के उपरांत प्राप्त हुए।

इसमें कोई संदेह नहीं कि अरबी, फ़ारसी तथा उर्दू से होते हुऐ हिन्दी तथा अन्य भाषाओं तक पहुँची ग़ज़ल विधा की लोकप्रियता में निरंतर वृद्धि हो रही है। ग़ज़ल की ख़ूबी यह है कि एक ही ग़ज़ल के अलग-अलग शे'रों में भिन्न-भिन्न कथ्य पिरोए जा सकते हैं। ग़ज़ल-विधा में प्राप्त इस आज़ादी के चलते शा'इर/ ग़ज़लकार को एक ही ग़ज़ल में तमाम महत्त्वपूर्ण विषयों को पिरोकर अपनी काव्य-प्रतिभा दिखाने का पर्याप्त स्कोप रहता है।मुझे ग़ज़ल के रिवायती रंग ने कभी बहुत अधिक प्रभावित नहीं किया। मेरी ग़ज़लों में थोड़ा-बहुत ही रिवायती रंग देखने को मिलेगा। मैं घर, समाज या अपने आस-पास जो देखता और महसूस करता हूँ उसे ही मफ़हूम बनाकर अपने अशआर में पिरोने का प्रयास करता रहता हूँ। सामाजिक विसंगतियाँ और विद्रूपताएँ तथा नैतिक मूल्यों के विघटन जैसे विषय मुझे हमेशा से कचोटते रहे हैं।अत: मेरी अधिकांश ग़ज़लों के कथ्य इन्हीं विषयों के आस पास केंद्रित रहे हैं। मेरी भरसक कोशिश रही है

कि मैं अपनी काव्य अभिव्यक्ति के माध्यम से आपकी संवेदनाओं को छू पाऊँ।इसमें मैं कहाँ तक सफल हो पाया हूँ यह तो आपकी प्रतिक्रियाएँ ही बता पाएँगी।यदि इस ग़ज़ल-संग्रह के एक भी शे'र को आप अपने से जुड़ा हुआ पाते हैं तो मैं अपने सृजन को सार्थक समझूँगा।

ग़ज़ल का विद्यार्थी रहते हुए मैंने अनुभव किया है कि ग़ज़ल कहते समय शिल्प/ 'अरूज़ की समझ तो जल्दी हो जाती है लेकिन ग़ज़ल की कहन पर पकड़ बनाने के लिए बड़े अभ्यास और अध्ययन की ज़रूरत होती है। शा'इर/ग़ज़लकार की कहन ही उसे अन्य रचनाकारों से अलग बनाती है। अत अपनी ग़ज़लों को धार देने का मेरा अभ्यास और प्रयास निरंतर जारी है।

काव्य की अन्य विधाओं की तरह ग़ज़ल विधा में भी सीखने-सिखाने को इतना कुछ है कि हम पूरे जीवन काल में इस विधा की बारीकियों का 1/10 वाँ भाग भी सीख पाएँ तो बहुत होगा।

बस ज़रूरत है तो इस बात की कि हम स्वयं को विद्यार्थी मानते हुए अपने अंदर सीखने की ललक बनाए रखें। वरिष्ठ जनों के मार्गदर्शन और आशीष की पूँजी के साथ मैं सीखने की यह ललक जीवन पर्यन्त अपने भीतर ज़िंदा रखना चाहता हूं।

यहाँ मैं वरिष्ठ ग़ज़लकार श्री द्विजेन्द्र द्विज, धर्मशाला (हिमाचल प्रदेश) का दिल की अथाह गहराईयों से आभार प्रकट करना चाहूँगा कि उन्होंने इस संकलन की ग़ज़लों को पढ़कर अपना समीक्षात्मक संदेश लिखने और प्रेषित करने के लिए बहुमूल्य समय निकाला। मैं अत्यधिक आभारी हूँ प्रसिद्ध शा'इर श्री ओम प्रकाश 'नदीम' साहब,लखनऊ (उत्तर प्रदेश) का जिन्होंने इस संकलन की ग़ज़लों पर नज़रे-सानी के लिए अपना क़ीमती वक़्त दिया। श्री 'नदीम' साहब मेरे पसंदीदा शा'इरों में से एक रहे हैं।

अंत में पुन: मैं अपने परिजनों, शुभचिंतकों, साहित्यिक मित्रों, पाठकों तथा श्रोताओं का आभार प्रकट करता हूँ जिनके प्रोत्साहन, प्रेरणा और सहयोग के चलते मेरा यह दूसरा ग़ज़ल- संग्रह 'कुछ मीठा कुछ खारा' मंज़रे-आम पर आ सका।

- ओंकार सिंह 'विवेक'

अगर कुछ सरगिरानी दे रही है

अगर कुछ सरगिरानी दे रही है,
ख़ुशी भी ज़िंदगानी दे रही है।

चलो मस्ती करें, ख़ुशियाँ मनाएँ,
सदा ये ऋतु सुहानी दे रही है।

बुढ़ापे की है दस्तक होने वाली,
ख़बर ढलती जवानी दे रही है।

गुज़र आराम से अब करने लाइक़,
कहाँ खेती-किसानी दे रही है।

फलें-फूलें न क्यों नफ़रत की बेलें,
सियासत खाद-पानी दे रही है।

सदा सच्चाई के रस्ते पे चलना,
सबक़ बच्चों को नानी दे रही है।

तख़य्युल की है बस परवाज़ ये तो,
जो ग़ज़लों को रवानी दे रही है।

कुछ मीठा कुछ खारा-पन है

कुछ मीठा कुछ खारा-पन है,
क्या-क्या स्वाद लिए जीवन है।

कैसे आँख मिलाकर बोले,
साफ़ नहीं जब इसका मन है।

शिकवे भी उनसे ही होंगे,
जिनसे थोड़ा अपना-पन है।

धन ही धन है इक तबक़े पर,
इक तबक़ा बेहद निर्धन है।

सूखा है तो बाढ़ कहीं पर,
बरसा ये कैसा सावन है।

कल निश्चित ही काम बनेंगे,
आज भले ही कुछ अड़चन है।

दिल का है वह साफ़,भले ही-
लहजे में कुछ कड़वा-पन है।

ज़हीनों की महफ़िल में गर यार पढ़ना

ज़हीनों की महफ़िल में गर यार पढ़ना,
ग़ज़ल कोई अपनी असरदार पढ़ना।

अगर जानना हो तग़ज़्ज़ुल का मा'नी,
कभी 'मीर'-'ग़ालिब' के अशआर पढ़ना।

हमें झील-सी नीली आँखों में उनकी,
लगा अच्छा चाहत का संसार पढ़ना।

कोई ओज पढ़ता है और हास्य कोई,
किसी को सुहाता है शृंगार पढ़ना।

बहुत याद आता है घर में सभी को,
पिता जी का वो सुब्ह अख़बार पढ़ना।

सदा करते रहते हो तनक़ीद सब पर,
कभी आप अपना भी किरदार पढ़ना।

'विवेक' इतनी आसान तहरीर कब थी,
पढ़ा उनके ख़त को कई बार पढ़ना।

झूठ को सच बता गया कोई

झूठ को सच बता गया कोई,
रंग अपना दिखा गया कोई।

शुक्र समझो कि इस ज़माने में,
क़ौल अपना निभा गया कोई।

ज़ह्न में इक अजीब हलचल है,
शे'र ऐसे सुना गया कोई।

रात को कह रहा है दिन देखो,
ख़ौफ़ इतना दिखा गया कोई।

ढंग जीने का सीख जाएँगे,
पढ़िए 'गीता', बता गया कोई।

दे दिया अपना कौर भी उसने,
दर पे भूखा जो आ गया कोई।

कोयला हज़्म कोई कर बैठा,
और चारा पचा गया कोई।

यक-ब-यक अपने लिए इतनी मुहब्बत देखकर

यक-ब-यक अपने लिए इतनी मुहब्बत देखकर,
लग रहा है डर हमें उनकी 'इनायत देखकर।

एक-दो की बात हो तो हम बताएँ भी तुम्हें,
जाने कितनों के डिगे ईमान दौलत देखकर।

हुक्मराँ का क्या 'अमल है और है कैसा निज़ाम,
ख़ुद समझ लें आम जन की आप हालत देखकर।

दरमियाँ काँटों के भी खिलना नहीं जो छोड़ते,
सीख तो मिलती है उन फूलों की हिम्मत देखकर।

खेत है होरी का गिरवी,काम भी मिलता नहीं,
मुँह को आता है कलेजा उस पे आफ़त देखकर।

धर्म का नश्शा सुँघाकर माँगते हैं वोट वो,
कैसे दिल तड़पे न ये सस्ती सियासत देखकर।

अब तो उल्टे और धमकाता है सच्चों को 'विवेक',
अब कहाँ डरता है झूठा सच की ताक़त देखकर।

खेतों की जो हरियाली है

खेतों की जो हरियाली है,
रघु के चहरे की लाली है।

लूट रहे हैं नित गुलशन को,
जिनके ज़िम्मे रखवाली है।

आस है उन प्यासी फ़सलों की,
नभ में जो बदली काली है।

दे जो सबको अन्न उगाकर,
उसकी ही रीती थाली है।

याद कभी बसती थी उनकी,
अब मन का आँगन ख़ाली है।

पूछो हर्ष धनी से उसका,
निर्धन की क्या दीवाली है।

फँस जाती है जाल में उनके,
जनता भी भोली-भाली है।

माँ का आशीष फल गया होगा

माँ का आशीष फल गया होगा,
गिर के बेटा सँभल गया होगा।

ख़्वाब में भी न था गुमाँ हमको,
दोस्त इतना बदल गया होगा।

छत से दीदार कर लिया जाए,
चाँद कब का निकल गया होगा।

सच बताऊँ तो जीत से मेरी,
कितनों का दिल ही जल गया होगा।

रख दिया था जो आईना आगे,
बस वही उनको खल गया होगा।

लूट ली होगी उसने तो महफ़िल,
जब सुनाकर ग़ज़ल गया होगा।

जीतकर सबका ए'तिबार 'विवेक',
चाल कोई वो चल गया होगा।

खुले-से चौक-चौबारे नहीं हैं

खुले-से चौक-चौबारे नहीं हैं,
नगर में अब वो नज़्ज़ारे नहीं हैं।

गुमाँ तोडेंगे जल्दी आसमाँ का,
परिंदे हौसला हारे नहीं हैं।

तलब है कामयाबी की सभी को,
हमीं इस दौड़ में न्यारे नहीं हैं।

बना बैठा है जो अब शाह,उसने-
भला किस-किस के हक़ मारे नहीं हैं।

हैं जितनी ख़्वाहिशें मन में बशर के,
गगन में उतने तो तारे नहीं हैं।

सभी को देखिए मत इक नज़र से,
बुरे कुछ लोग हैं सारे नहीं है।

उन्हें भाती है आवारा-मिज़ाजी,
कहें कैसे वो बंजारे नहीं हैं।

मुँह पर तो कितना रस घोला जाता है

मुँह पर तो कितना रस घोला जाता है,
पीछे जाने क्या-क्या बोला जाता है।

होता था पहले मे'यार कभी उनका,
अब रिश्तों को धन से तोला जाता है।

मिल जाती है एक नई इच्छा उसमें,
मन को जितनी बार टटोला जाता है।

मिल जाते हैं सुख-दुख दोनों ही उसमें,
जब यादों का बक्सा खोला जाता है।

आप सियासत-दाँ हैं,ख़ूब समझते हैं,
बदला कैसे हर दिन चोला जाता है।

ध्यान सभी का देखा ख़ुद पर तो जाना,
चुप रहकर भी कितना बोला जाता है।

हरदम तो ख़ामोशी ओढ़ नहीं सकते,
यार कभी तो मुँह भी खोला जाता है।

हर तरफ़ बरसात की तैयारियाँ अच्छी लगीं

हर तरफ़ बरसात की तैयारियाँ अच्छी लगीं,
ख़ुश्क फ़सलों को घुमड़ती बदलियाँ अच्छी लगीं।

ख़ुश सदा होते रहे बस ख़ामियों को देखकर,
उनको औरों की भला कब ख़ूबियाँ अच्छी लगीं।

पेट कोई तो फ़क़त ख़ैरात से भरता रहा,
और महनत की किसी को रोटियाँ अच्छी लगीं।

और भी जलने का उसमें हौसला कुछ बढ़ गया,
इक दिये को आँधियों की धमकियाँ अच्छी लगीं।

हम पड़ोसी से हमेशा मेल के हामी रहे,
कब हमें सरहद पे चलती गोलियाँ अच्छी लगीं।

दुख हुआ तो रुख़सती का उसको बेटी की मगर,
फिर भी घर में गूँजती शहनाइयाँ अच्छी लगीं।

तोड़कर सारा गुमाँ मग़रूर मौजों का 'विवेक',
साहिलों पर लौटती सब कश्तियाँ अच्छी लगीं।

झुग्गियों का हक़ दबाना आ गया

झुग्गियों का हक़ दबाना आ गया,
कोठियों को ज़ुल्म ढाना आ गया।

कह रही है मुस्कुराहट खेत की,
धान की बाली में दाना आ गया।

दूधिया ख़ुश है कि बेटे को भी अब,
दूध में पानी मिलाना आ गया।

छू ही लेंगे आसमाँ को एक दिन,
पाँव धरती पर जमाना आ गया।

फ़िक्र कुछ तो कम हुई माँ-बाप की,
लाल को खाना-कमाना आ गया।

वो सभी रौनक़ हुए दरबार की,
हाँ में जिनको सर हिलाना आ गया।

साँस की बीमारियाँ बढ़ने लगीं,
गाँव में क्या कारख़ाना आ गया।

मसर्रत के गुलों से घर मेरा गुलज़ार होता है

मसर्रत के गुलों से घर मेरा गुलज़ार होता है,
इकट्ठा जब किसी त्योहार पर परिवार होता है।

पड़ेगा हाथ बाँधे ही खड़े होना वहाँ तुमको,
मेरे भाई सुनो! दरबार तो दरबार होता है।

मेरी मानो किसी को आप अपना हमसफ़र कर लो,
अकेले ज़िंदगानी का सफ़र दुश्वार होता है।

कसौटी पर खरा ख़बरों की जिनको कह नहीं सकते,
भरा ऐसी ही ख़बरों से सदा अख़बार होता है।

उसे करना ही पड़ता है हर इक दिन काम हफ़्ते में,
किसी मज़दूर की क़िस्मत में कब इतवार होता है।

'अता सौग़ात कर देता है नाज़ुक दिल को ज़ख़्मों की,
किसी का लहजा गोया एकदम तलवार होता है।

हिमायत वो ही करता है त'अस्सुब के अँधेरों की,
हमेशा ज़ह्न से जो आदमी बीमार होता है।

हँसते-हँसते तय रस्ते पथरीले करने हैं

हँसते-हँसते तय रस्ते पथरीले करने हैं,
हमको बाधाओं के तेवर ढीले करने हैं।

कैसे कह दें फ़ारिग़ हैं हर ज़िम्मेदारी से,
बेटी के भी हाथ अभी तो पीले करने हैं।

ये जो बैठ गए हो यादों का बक्सा लेकर,
क्या फिर तुमको अपने नैना गीले करने हैं।

फ़िक्र नहीं है आज किसी को रूह सजाने की,
सबको एक ही धुन है,जिस्म सजीले करने हैं।

होते हैं तो हो जाएँ लोगों के दिल घायल,
उनको तो शब्दों के तीर नुकीले करने हैं।

तुम तो ख़ुद ही मुँह की खाकर लौटे हो हज़रत,
कहते थे दुश्मन के तेवर ढीले करने हैं।

जैसे भी संभव हो पाए,प्यार की धरती से,
ध्वस्त हमें मिलकर नफ़रत के टीले करने हैं।

लुत्फ़ क्या आएगा शराफ़त में

लुत्फ़ क्या आएगा शराफ़त मे,
आप अब आ गए सियासत में।

थी जो मसरूफ़ियत हमें थोड़ी,
आप भी कब थे यार फ़ुर्सत में।

फिर से तारीख़ मिल गई अगली,
आज भी ये हुआ 'अदालत में।

आप पूछें न तो ही बह्तर है,
कितने धोखे मिले शराफ़त में।

हो गई मौत सुनते हैं कल भी,
एक मा'सूम की हिरासत में।

हो गया गुफ़्तगू से अंदाज़ा,
कौन रहता है कैसी सुहबत में।

आप हैं कितने ख़ुशनसीब 'विवेक',
फ़न सुख़न का मिला विरासत में।

'आजिज़ी तो है नहीं गुफ़्तार में

'आजिज़ी तो है नहीं गुफ़्तार में,
कौन पूछेगा हमें दरबार में।

नफ़्सियाती नुक़्स है दो-चार में,
वरना है सबका 'अक़ीदा प्यार में।

साथ रखता है उसे जो ये गुलाब,
कुछ तो देखा होगा आख़िर ख़ार में।

बारहा रोता है दिल ये सोचकर,
वन कटेगा शहर के विस्तार में।

पूछने आए थे मेरी ख़ैरियत,
दे गए ग़म और वो उपहार में।

'मीर' 'ग़ालिब' 'ज़ौक़' सबका शुक्रिया,
रंग क्या-क्या भर गए अशआर में।

बैठा है परदेस में लख़्ते-जिगर,
क्या ख़ुशी माँ को मिले त्योहार में।

चिंता ऐसे है मन के तहख़ाने में

चिंता ऐसे है मन के तहख़ाने में,
जैसे कोई घुन गेहूँ के दाने में।

दोस्त!कभी तो बरसों भी लग जाते हैं,
दो मिसरों को सच्चा शे'र बनाने में।

ज़िद में घर की अँगनाई को मत बाँटो,
बाप लगा है बेटों को समझाने में।

उनकी याद ने दिल में क्या डेरा डाला,
रौनक़ ही रौनक़ है इस वीराने में।

आ जाओ हे नंद लला तुम आ जाओ,
आज भी राधा टेरे है बरसाने में।

इस मन की मत पूछो ये तो माहिर है,
रेल ख़यालों की सरपट दौड़ाने में।

बाहर जिनमें तू- तू, मैं-मैं होती है,
जाम लड़ाते देखे हैं मयख़ाने में।

काम का भी ठिकाना नहीं है

काम का भी ठिकाना नहीं है,
और घर में भी दाना नहीं है।

जानते हैं सज़ा ही वो देंगे,
जुर्म तो कुछ बताना नहीं है।

कह रही है हनक बादलों की,
धूप ने मुँह दिखाना नहीं है।

ख़ूँ जिगर का जलाए बिना कुछ,
रंग शे'रों में आना नहीं है।

आज़माइश में रखते हो कितनी,
यार ये दोस्ताना नहीं है।

गढ़ ही लेंगे वो सौ-सौ बहाने,
जिनको मिलना-मिलाना नहीं है।

ज़ीस्त में हौसलों ने हमारे,
दबदबा ग़म का माना नहीं है।

सभी के काम पर उसकी नज़र है

सभी के काम पर उसकी नज़र है,
मगर इंसान फिर भी बे-ख़बर है।

जुदा पत्ते हुए जाते हैं सारे,
ये कैसा वक़्त आया शाख़ पर है।

खटकता है वो कोठी की नज़र में,
बग़ल में एक जो छप्पर का घर है।

सरे-बाज़ार ईमाँ बिक रहे हैं,
यही बस आज की ताज़ा ख़बर है।

यक़ीं जल्दी ही कर लेते हो सब पर,
कहीं धोखा न खाओ,इसका डर है।

कहाँ आसानियाँ ढूँढो हो इसमें,
मियाँ! ये ज़िंदगानी का सफ़र है।

कहानी में है जिसने जान डाली,
वही किरदार बेहद मुख़्तसर है।

काश! ऐसा दयार आ जाए

काश! ऐसा दयार आ जाए,
गुलशनों की क़तार आ जाए।

क्या मज़ा कश्तियाँ चलाने का,
जब नदी में उतार आ जाए।

अब ये मज़लूम जाग उट्ठे हैं,
होश में ताजदार आ जाए।

मश्क़ से जी चुरा के ये ख़्वाहिश,
शा'इरी में निखार आ जाए।

ख़्वाब में भी अगर दिखे पानी,
प्यास को कुछ क़रार आ जाए।

जीतने का जुनूँ न कम होगा,
लाख हिस्से में हार आ जाए।

आप जैसे बड़ों की महफ़िल में,
क्या भला ख़ाकसार आ जाए।

ख़ुद को समझूँ जग की भी पहचान करूँ

ख़ुद को समझूँ, जग की भी पहचान करूँ,
जीवन की राहों को कुछ आसान करूँ।

मेरे बाद भी काम किसी के आएँगी,
बह्तर होगा, इन आँखों को दान करूँ।

तिश्नालब ही साहिल पर बैठे रहकर,
सोच रहा हूँ दरिया को हैरान करूँ।

कथनी-करनी में रखते हैं फ़र्क़ सदा,
और कहते हैं मैं उनका सम्मान करूँ।

उनकी मीठी यादों को रुख़सत करके,
अपने दिल की बस्ती क्यों वीरान करूँ?

इतनी क्षमता और समझ देना भगवन,
पूरा माँ-बापू का हर अरमान करूँ।

कोशिश यह रहती है, अपनी ग़ज़लों में,
शोषित-वंचित का दुख-दर्द बयान करूँ।

ये दिल यूँ ही नहीं ज़ख़्मी हुआ है

ये दिल यूँ ही नहीं ज़ख़्मी हुआ है,
किसी के तंज़ का नश्तर चुभा है।

किसे ला'नत-मलामत भेजते हो,
अरे! वो आदमी चिकना घड़ा है।

वो नादाँ ही है जो दरिया के आगे,
समुंदर प्यास का लेकर खड़ा है।

कहा है ख़ार के जैसा किसी ने,
किसी ने ज़ीस्त को गुल-सा कहा है।

उसे धमका रहा है रोज़ कुहरा,
ये कैसा वक़्त सूरज पर पड़ा है।

समझ में आ तो जाती बात मेरी,
मगर वो चापलूसों से घिरा है।

कहाँ तुमको नगर में वो मिलेगी,
मियाँ!जो गाँव की आबो-हवा है।

दौर ख़िज़ाँ का जाएगा

दौर ख़िज़ाँ का जाएगा,
गुलशन फिर मुस्काएगा।

नून है सबके हाथों में,
किसको ज़ख़्म दिखाएगा।

मत आ डर की बातों में,
डर तो और डराएगा।

झूठ तेरी अब ये हिम्मत,
सच को आँख दिखाएगा।

सागर तो ख़ुद प्यासा है,
किसकी प्यास बुझाएगा।

झूठ पिया है घुट्टी में,
वो सच क्या बतलाएगा।

जारी रक्खो मश्क़ 'विवेक',
रंग सुख़न में आएगा।

ज़ोर शब का न कोई चलना है

ज़ोर शब का न कोई चलना है,
जल्द सूरज को अब निकलना है।

ये ही ठहरी गुलाब की क़िस्मत,
उसको ख़ारों के बीच पलना है।

ख़ुद को बदला नहीं ज़रा उसने,
और कहता है जग बदलना है।

दूध जितना उसे पिला दीजे,
साँप को ज़ह्र ही उगलना है।

काश!उनकी समझ में आ जाए,
धन कभी घूस का न फलना है।

तोड़ना है ग़ुरूर ज़ुल्मत का,
यूँ ही थोड़ी दिये को जलना है।

इतने तेवर दिखा न ऐ सूरज!
आख़िरश तो तुझे भी ढलना है।

सूचना क्या इलक्शन की जारी हुई

सूचना क्या इलक्शन की जारी हुई,
धुर विरोधी दलों में भी यारी हुई।

दीन-दुनिया से बिल्कुल ही अनजान थे,
घर से निकले तो कुछ जानकारी हुई।

आज निर्धन हुआ और निर्धन यहाँ,
जेब धनवान की और भारी हुई।

मुझ पे होता भी कैसे बला का असर,
माँ ने मेरी नज़र थी उतारी हुई।

ये अलग बात, गतिरोध टूटा नहीं,
बात उनसे निरंतर हमारी हुई।

रात की नींद और चैन दिन का छिना,
सर पे बनिए की जब से उधारी हुई।

लग रहा है जगा हौसला देखकर,
जीत ही लेंगे बाज़ी वो हारी हुई।

कैसे कहें क़ुसूर हवा का नहीं रहा

कैसे कहें क़ुसूर हवा का नहीं रहा,
बाक़ी शजर पे एक भी पत्ता नहीं रहा।

इक दूसरे पे जान छिड़कते थे हर घड़ी,
अब भाईयों के बीच में रिश्ता नहीं रहा।

करता भी कैसे पूरी वो बच्चे की आरज़ू,
उसके बजट में कोई खिलौना नहीं रहा।

बाक़ी तो जस का तस ही रहा नाश्ते में सब,
बस अब हमारी चाय में मीठा नहीं रहा।

झूठे हैं ऐसे लोग जो कहते हैं रात-दिन,
अब झूठ के बिना तो गुज़ारा नहीं रहा।

घर की ज़रूरतों ने बड़ा कर दिया उसे,
बचपन के दौर में भी वो बच्चा नहीं रहा।

हम बा-वफ़ा हैं आज भी कल की तरह 'विवेक',
ये और बात उनको भरोसा नहीं रहा।

यूँ लगता है गुलों-सी ताज़गी है

यूँ लगता है गुलों-सी ताज़गी है,
बड़ी दिलकश तुम्हारी शा'इरी है।

कमी कुछ आपसी विश्वास की है,
जो ये बुनियाद रिश्तों की हिली है।

न जाने ऊँट किस करवट को बैठे,
दिये की फिर हवाओं से ठनी है।

ज़बाँ से फिर गया है वो भी देखो,
जिसे समझा,उसूलों का धनी है।

किए हैं तीरगी से हाथ दो-दो,
मिली यूँ ही नहीं ये रौशनी है।

सो उसकी फ़िक्र तो होगी ही आ'ला,
किताबों से जो गहरी दोस्ती है।

सदा है मौत के साये में,फिर भी-
सँवरती और सजती ज़िंदगी है।

जब से हाड़ कँपाती निष्ठुर सर्दी आई है

जब से हाड़ कँपाती निष्ठुर सर्दी आई है,
सूरज दादा की कुहरे से रोज़ लड़ाई है।

जाड़े कैसे कटते होंगे आप ज़रा सोचें,
कंबल ही है पास न उसके कोई रज़ाई है।

वार विफल करने को अबके ज़ालिम सर्दी के,
दादा जी ने रूई की बण्डी सिलवाई है।

यूँ ही थोड़ी बाँध रही हैं पुल ता'रीफ़ों के,
पापा ने मम्मी को ऊनी शॉल दिलाई है।

ठंड के मारे सिकुड़ी बैठी दादी जी बोलीं,
धूप निगोड़ी जाने क्यों इतनी अलसाई है।

जाड़े भर हर कोई उनके कान उमेठेगा,
इस चिंता ने गीजर जी की नींद उड़ाई है।

धूप निकल आई बच्चो!अब छत पर आ जाओ,
दाँत बजाते दादा जी ने टेर लगाई है।

फ़िक्र फूली-फली नहीं होती

फ़िक्र फूली-फली नहीं होती,
यूँ हसीं शा'इरी नहीं होती।

हौसला हो अगर बुलंदी पर,
कोई मुश्किल बड़ी नहीं होती।

सबके मन साफ़ जो रहे होते,
आज बस्ती जली नहीं होती।

कुछ न कुछ सोचता ही रहता है,
मन को फ़ुर्सत कभी नहीं होती।

आप करते रहें मगर हमसे,
पैरवी झूठ की नहीं होती।

कुछ ही दिल के क़रीब होते हैं,
सबसे तो दोस्ती नहीं होती।

हद तो यह है कि बात अब उनसे,
ख़्वाब तक में कभी नहीं होती।

दोस्तों को जो आज़मा बैठे

दोस्तों को जो आज़मा बैठे,
अपनी ही मुश्किलें बढ़ा बैठे।

कुछ तो तज़वीज़ हो सज़ा उनको,
हक़ ग़रीबों का जो दबा बैठे।

आपको कैसे हुक्मरानी दें,
आप तो साख ही गँवा बैठे।

यार हमने तो दिल-लगी की थी,
आप दिल से उसे लगा बैठे।

क्या हुआ आजकल के बच्चों को,
अपनी तहज़ीब ही भुला बैठे।

क़द्र जो कुछ करें न औरों की,
ऐसे लोगों में कोई क्या बैठे।

कितने ही पंछियों का डेरा था,
आप जिस पेड़ को गिरा बैठे।

उनके हिस्से चुपड़ी रोटी बिसलेरी का पानी है

उनके हिस्से चुपड़ी रोटी बिसलेरी का पानी है,
और हमारी क़िस्मत,हमको रूखी-सूखी खानी है।

जनता की आवाज़ दबाने वालो इतना ध्यान रहे,
कल पैदल भी हो सकते हो आज अगर सुल्तानी है।

प्यार लुटाया है मौसम ने जी भरकर उस पर अपना,
ऐसे ही थोड़ी धरती की चूनर धानी-धानी है।

फ़स्ल हुई चौपट बारिश से और धेला भी पास नहीं,
कैसे क़र्ज़ चुके बनिये का मुश्किल में रमज़ानी है।

खिलने को घर के गमलों में चाहे जितने फूल खिलें,
जंगल के फूलों-सी लेकिन बात न उनमें आनी है।

एक झलक पाना भी अब तो सूरज की दुश्वार हुआ,
जाने ज़ालिम कुहरे ने ये कैसी चादर तानी है।

बात न सोची जाए किसी की राह में काँटे बोने की,
ये सोचें फूलों से कैसे सबकी राह सजानी है।

कभी कुछ शादमानी लिख रहा हूँ

कभी कुछ शादमानी लिख रहा हूँ,
कभी मैं सरगिरानी लिख रहा हूँ।

हवाओं के सितम की हर कहानी,
चराग़ों की ज़ुबानी लिख रहा हूँ।

बहुत दिन तक न चल पाएगी जग में,
बुरों की हुक्मरानी, लिख रहा हूँ।

मैं सरगम लिख रहा हूँ गीत की भी,
ग़ज़ल की भी रवानी लिख रहा हूँ।

कई तो हैं ख़फ़ा इस पर ही मुझसे,
कि मैं पानी को पानी लिख रहा हूँ।

पिता को लिख रहा हूँ एक राजा,
मैं अपनी माँ को रानी लिख रहा हूँ।

समझ लो कैसे फिर किरदार होंगे,
सियासत की कहानी लिख रहा हूँ।

बैठता है दिल घुटन से क्या करें

बैठता है दिल घुटन से क्या करें,
अश्रु झरते हैं नयन से क्या करें।

आप ही बतलाइए मुँह-ज़ोर ये,
बात हम-से कम-सुख़न से क्या करें।

आए थे जिनके लिए,वो ही नहीं,
ख़ुश हमारे आगमन से क्या करें।

काम ही उसका जलाना है तो फिर,
हम गिला कोई अगन से क्या करें।

बस बुझाना आता है दीपक उसे,
और हम आशा पवन से क्या करें।

ज़ह्न को भी है तलब आराम की,
चूर है तन भी थकन से क्या करें।

आजकल सौगंध खाकर भी 'विवेक',
लोग फिरते हैं वचन से क्या करें।

सालिम जब ईमान रहेगा

सालिम जब ईमान रहेगा,
जीना भी आसान रहेगा।

कोई जवान रहा जीवन भर,
जो तू यार जवान रहेगा।

उनकी यादों का रेला तो,
लेकर मेरी जान रहेगा।

रार ठनी भाई-भाई में,
बँटकर घर-दालान रहेगा।

क़र्ज़ महाजन का होरी के,
लेकर खेत-मकान रहेगा।

सूखी फ़सलों को सरसा दे,
बादल तेरा मान रहेगा।

सोच रही है कश्ती,कब तक,
दरिया में तूफ़ान रहेगा।

मिटे हर नक़्श जग से तीरगी का

मिटे हर नक़्श जग से तीरगी का,
रहे जलवा नुमायाँ रौशनी का।

मुसलसल वक़्त के सांचे में ढलकर,
बला का रंग निखरा ज़िंदगी का।

उमूमन भीग ही जाती हैं आँखें,
हो कोई रंज या मौक़ा ख़ुशी का।

सँभाला भी, रखा जो ठोकरों में,
बड़ा एहसान है इस ज़िंदगी का।

नुमायाँ हो चमक चेहरों पे सबके,
न हो जग में बुझा चेहरा किसी का।

कभी कल-कल बहा करती थी धुन में,
हुआ कातर मगर अब स्वर नदी का।

'विवेक' अब सीख लो कुछ होशियारी,
ज़माना है नहीं सादा-दिली का।

बदला रातों-रात उन्होंने पाला है

बदला रातों-रात उन्होंने पाला है,
शायद जल्द इलक्शन आने वाला है।

झूठे मंसब पाते हैं दरबारों में,
सच्चों की क़िस्मत में देश-निकाला है।

भूखे पेट जो सोते हैं फ़ुटपाथों पर,
हमने उनका दर्द ग़ज़ल में ढाला है।

मेल,उसूल परस्ती और सियासत में,
तुमने ख़ुद को किस मुश्किल में डाला है।

नीचे तक पूरी इमदाद नहीं पहुँची,
ऊपर आख़िर कुछ तो गड़बड़झाला है।

ज़ह्न में चलते रहते हैं ऊला-सानी,
हमने अच्छा शौक़ ग़ज़ल का पाला है।

घर में आख़िर बेटी के जज़्बात 'विवेक',
माँ से बह्तर कौन समझने वाला है।

आग से माली के रिश्ते हो गए

आग से माली के रिश्ते हो गए,
बाग़ को ख़तरे ही ख़तरे हो गए।

और क्या होने को बाक़ी अब रहा,
दुश्मनों की सफ़ में अपने हो गए।

चाहिए क्या और मुफ़लिस बाप को,
लाडली के हाथ पीले हो गए।

भीड़ से होना था उनको कुछ अलग,
वो भी लेकिन भीड़ जैसे हो गए।

कब किसी का लेते थे एहसान हम,
क्या करें हालात ऐसे हो गए।

ख़ुश न हों कैसे भला माता-पिता,
क़द से उनके ऊँचे बच्चे हो गए।

भाव सब देने लगे हमको 'विवेक',
जेब में क्या चार पैसे हो गए।

सब ख़ता इसमें आदमी की है

सब ख़ता इसमें आदमी की है,
साँस उखड़ी जो ये नदी की है।

वो जो सच की दुहाई देता था,
झूठ की उसने पैरवी की है।

धूप का क्यों न ख़ैर-मक़्दम हो,
ठंड भी तो ये जनवरी की है।

ताड़ तिल का बनाके छोड़ेगा,
जैसी फ़ितरत उस आदमी की है।

हौसले को सलाम है गुल के,
उसने काँटों से दोस्ती की है।

फूल-फल ही नहीं दिए केवल,
छाँव भी पेड़ ने घनी की है।

जो ग़ज़ल हम सुना रहे हैं तुम्हें,
बस मुकम्मल अभी-अभी की है।

शीशम साखू महुआ चंदन पीपल देते हैं

शीशम साखू महुआ चंदन पीपल देते हैं,
कैसी-कैसी ने'मत हमको जंगल देते हैं।

कब तक सब्र का बाँध न टूटे प्यासी फ़सलों के,
धोखा रह-रहकर वो निष्ठुर बादल देते हैं।

आज बना है मानव उनकी ही जाँ का दुश्मन,
जीवन भर जो पेड़ उसे मीठे फल देते हैं।

मिलती है कितनी तस्कीन तुम्हें क्या बतलाएँ,
आँगन के प्यासे पौधों को जब जल देते हैं।

रस्ता ही भटकाते आए हैं वो तो अब तक,
लोग न जाने क्यों उनके पीछे चल देते हैं।

वर्ना सब होते हैं सुख के ही संगी -साथी,
दुनिया में विरले विपदा में संबल देते हैं।

किस दर्जा मे'यार गिरा बैठे कुछ व्यापारी,
ब्रांड बड़ा बतलाकर चीज़ें लोकल देते हैं।

दिल को छोटा क्यों करें इक हार से

दिल को छोटा क्यों करें इक हार से,
फूटती है रौशनी अँधियार से।

तीर से मतलब न कुछ तलवार से,
हमको मतलब है क़लम की धार से।

सुनते-सुनते फिर कहानी रो पड़ा,
जुड़ गया वो जब किसी किरदार से।

तोड़ने को ज़ो'म हम तन्हाई का,
गुफ़्तगू करते रहे दीवार से।

हौसला सच्चों का टूटा है कभी,
जग में झूठों की भला ललकार से।

है तवाज़ुन भी ज़रूरी दौड़ में,
कुछ नहीं होता फ़क़त रफ़्तार से।

दिल को तो होना ही था हैराँ 'विवेक',
यक-ब-यक यूँ आपके इंकार से।

एक तो मंदा ये कारोबार का

एक तो मंदा ये कारोबार का,
और उस पर क़र्ज़ साहूकार का।

आजकल देता हो जो सच्ची ख़बर,
नाम बतलाएँ किसी अख़बार का।

फिर किनारे तोड़ने पर तुल गई,
क्या 'अमल है ये नदी की धार का?

मान लो हज़रत!तवाज़ुन के बिना,
है नहीं कुछ फ़ाइदा रफ़्तार का।

जंग क्या जीतेंगे सोचो,वो जिन्हें-
जंग से पहले ही डर हो हार का।

तोड़ दी इसने तो मुफ़लिस की कमर,
कुछ करें महँगाई की रफ़्तार का।

ऋण चुका सकता नहीं कोई 'विवेक',
उम्र-भर माँ-बाप के उपकार का।

मिला दरिया भी प्यासा देखने को

मिला दरिया भी प्यासा देखने को,
मिलेगा और क्या-क्या देखने को।

किसी मुद्दे पे सब ही एकमत हों,
कहाँ मिलता है ऐसा देखने को।

तो गुज़रेंगे अजूबे भी नज़र से,
अगर निकलोगे दुनिया देखने को।

किसी के पास है अंबार धन का,
कोई तरसा है पैसा देखने को।

शजर को नित हवा देती है धमकी,
तरस जाएगा पत्ता देखने को।

बना था ज़ह्न में कुछ 'अक्स वन का,
मिला कुछ और नक़्शा देखने को।

नज़र दहलीज़ से कैसे हटा लें,
कहा है उसने रस्ता देखने को।

हम कैसे ठीक आपका ये मशवरा कहें

हम कैसे ठीक आपका ये मशवरा कहें,
जो मुद्दआ नहीं है उसे मुद्दआ कहें।

मा'लूम है कि होगा हवाओं से सामना,
फिर किस लिए चराग़ इसे मसअला कहें।

इंसाँ ही प्यासा हो गया इंसाँ के ख़ून का,
वहशत नहीं कहें तो इसे और क्या कहें।

है रहज़नों से उनका यहाँ राबिता-रसूख़,
तुम फिर भी कह रहे हो उन्हें रहनुमा कहें।

जो सुब्ह तक इधर थे मगर शाम को उधर,
उनके 'अमल को सोचिए कैसे वफ़ा कहें।

इंसानियत का दर्स ही जब सबका अस्ल है,
फिर क्यों किसी भी धर्म को आख़िर बुरा कहें।

पूरी ज़रूर होगी तलब दाद की 'विवेक',
मफ़हूम आप शे'र में कोई नया कहें।

दुश्मनों से तो नहीं है कोई ऐसा डर मुझे

दुश्मनों से तो नहीं है कोई ऐसा डर मुझे,
हाँ,डराते हैं मगर अहबाब कुछ अक्सर मुझे।

आदमी के ज़ुल्म धरती पर भला कब तक सहूँ,
गंग कहती है, बचा लो आज शिव आकर मुझे।

वो बुलंदी गुंबदों की देखने मे मस्त थे,
और याद आते रहे बुनियाद के पत्थर मुझे।

काश! हो मेरे भी सर को अब तो कोई छत नसीब,
कब तलक फुटपाथ को कहना पड़ेगा घर मुझे।

फिर मेरी भी दस्तरस मे हो अदब का आसमाँ,
रब की जानिब से 'अता हों फ़िक्र के जो पर मुझे।

सच कहूँ तो और भी अच्छी लगी अपनी ग़ज़ल,
जब सुनायी साज़ पर मद्दाह ने गाकर मुझे।

या तो बेहिस हो गए हैं सब मकीं ही अब 'विवेक',
खटखटाना ही नहीं आता है या फिर दर मुझे।

संग नफ़रत के सह न पाएगा

संग नफ़रत के सह न पाएगा,
दिल तो दर्पण है टूट जाएगा।

टूटकर मिलना आपका हमसे,
वक़्ते-रुख़्सत बहुत रुलाएगा।

दिल को हर पल ये आस रहती है,
एक दिन वो ज़रूर आएगा।

जब कदूरत दिलों पे हो हावी,
कौन किसको गले लगाएगा?

राह भटका हुआ हो जो ख़ुद ही,
क्या हमें रास्ता दिखाएगा?

होगा हासिल फ़क़त उसे मंसब,
उनकी हाँ में जो हाँ मिलाएगा।

और कब तक 'विवेक' यूँ इंसाँ,
ज़ुल्म जंगल-नदी पे ढाएगा।

अच्छे लोगों में जो उठना-बैठना हो जाएगा

अच्छे लोगों में जो उठना-बैठना हो जाएगा,
फिर कुशादा सोच का भी दाइरा हो जाएगा।

क्या पता था हिन्दू-ओ-मुस्लिम की बढ़ती भीड़ में,
एक दिन इंसान ऐसे लापता हो जाएगा।

और बढ़ जाएगी फिर मंज़िल को पाने की ललक,
मुश्किलों का मुस्तक़र जब रास्ता हो जाएगा।

सुन रहे हैं कब से उनको बस यही कहते हुए,
मुफ़लिसी का मुल्क से अब ख़ातिमा हो जाएगा।

कर लिया करते थे पहले शौक़िया बस शा'इरी,
क्या पता था इस क़दर इसका नशा हो जाएगा।

आओ सबका दर्द बाँटें,सबसे रिश्ता जोड़ लें,
इस तरह इंसानियत का हक़ अदा हो जाएगा।

फिर ही जाएँगे यक़ीनन दश्त के भी दिन 'विवेक',
अब्र का जिस रोज़ थोड़ा दिल बड़ा हो जाएगा।

काँटों पर भी चलना है, ठोकर भी खानी है

काँटों पर भी चलना है,ठोकर भी खानी है,
मंज़िल को पाने की हमने ज़िद जो ठानी है।

राज़ खुलेगा घोटालों का क्या उम्मीद करें,
वो भी सब दाग़ी हैं जिनसे जाँच करानी है।

बीज हसद-नफ़रत के ही बोने वाले निकले,
कहते थे जो सद्भावों की फ़स्ल उगानी है।

आती ही है मुश्किल सच के पैरोकारों पर,
हम पर आई है तो इसमें क्या हैरानी है।

वक़्त नहीं करता अपनी रफ़्तार कभी धीमी,
हमको ही उसकी चाल से अपनी चाल मिलानी है।

छोड़ो भी अब और पशेमाँ क्या करना उसको,
अपनी ग़लती पर वो ख़ुद ही पानी-पानी है।

बीत गए वो दिन जब आकर फुदका करती थी,
आज न घर की खिड़की पर गौरैया आनी है।

अब कहाँ इसमें पाकीज़गी रह गई

अब कहाँ इसमें पाकीज़गी रह गई,
मस्लहत की फ़क़त दोस्ती रह गई।

दे रही हैं गवाही ये नाकामियाँ,
कुछ न कुछ कोशिशों में कमी रह गई।

ठंड तेवर भला कैसे ढीले करे,
दोस्त!आधी अभी जनवरी रह गई।

लोग ज़ुल्मत की जयकार करने लगे,
रौशनी ये ग़ज़ब देखती रह गई।

कब किसी की हुईं पूरी सब ख़्वाहिशें,
एक पूरी हुई दूसरी रह गई।

मंच पर चुटकुले और पैरोडियाँ,
आजकल बस यही शा'इरी रह गई।

ज़ख़्म पर ज़ख़्म इंसान देता रहा,
अधमरी होके गंगा नदी रह गई।

ज़रा भी अगर फ़िक्र में धार होगी

ज़रा भी अगर फ़िक्र में धार होगी,
मियाँ!शा'इरी ख़ुद असरदार होगी।

परेशान हो जाए सच चाहे जितना,
पराजय उसे पर न स्वीकार होगी।

ख़ुशी से भी उसका मिलन लाज़िमी है,
अगर ज़िंदगी ग़म से दो-चार होगी।

ये सोचा कहाँ था उसूलों की इक दिन,
सियासत में ऐसी बुरी हार होगी।

मिलेंगे नहीं फ़स्ल के दाम वाजिब,
किसानों पे मौसम की भी मार होगी।

सफ़र का मज़ा सारा जाता रहेगा,
अगर राह थोड़ी न दुश्वार होगी।

'विवेक' अपना ग़म ख़ुद उठाना पड़ेगा,
ये दुनिया न हरगिज़ मददगार होगी।

सामने गर ग़मों का पर्वत है

सामने गर ग़मों का पर्वत है,
अपना भी हौसला सलामत है।

अम्न कैसे न आए दहशत में,
हर तरफ़ जंग की 'अलामत है।

मुजरिमों को नहीं है डर कोई,
ख़ौफ़ में अब फ़क़त 'अदालत है।

हमने ज़ुल्मत को रौशनी न कहा,
उनको हमसे यही शिकायत है।

पूछ लेते हैं ख़ैरियत जो कभी,
दोस्तों की बड़ 'इनायत है।

बात करते हैं, फूल झरते हैं,
उनके लहजे में क्या नफ़ासत है।

जंग से मसअले का हल होगा,
ये भरम पालना हिमाक़त है।

वो जो शाख़ों से पत्ते झर गए हैं

वो जो शाख़ों से पत्ते झर गए हैं,
ख़िज़ाँ का ख़ैर-मक़दम कर गए हैं।

कलेजा मुँह को आता है ये सुनकर,
वबा से लोग इतने मर गए हैं।

चमक उट्ठे न कैसे ज़िंदगानी,
ख़ुशी के रंग इसमें भर गए हैं।

वो आए थे 'अयादत को हमारी,
चुभोकर तंज़ का नश्तर गए हैं।

डटे हैं भूखे-प्यासे काम पर बस,
कहाँ मज़दूर अब तक घर गए हैं।

है इतना दख़्ल नभ में आदमी का,
उड़ानों से परिंदे डर गए हैं।

अभी कुछ देर पहले ही तो हमसे,
'अदू के हारकर लश्कर गए हैं।

झूठ को इस दौर में क्या झूठ बतलाने लगे

झूठ को इस दौर में क्या झूठ बतलाने लगे,
हम तो लोगों के निशाने पर मियाँ आने लगे।

घोर अँधियारों में से ही फूटती है रौशनी,
आप क्यों नाकामियों से इतना घबराने लगे।

दे दिया फूलों ने क़ुर्बानी का दुनिया को सबक़,
जिसने भी मसला उसी के हाथ महकाने लगे।

जिसकी मंज़िल का पता है और न कोई रास्ता,
जाने क्यों ऐसे सफ़र पर आदमी जाने लगे।

जो कहा करते थे ख़ुद को साफ़गोई का मुरीद,
चापलूसों से घिरे अक्सर नज़र आने लगे।

बात करने का सलीक़ा जिनको ख़ुद आता नहीं,
गुफ़्तगू के वो भी अब आदाब सिखलाने लगे।

कोई मक़सद मस्लहत तो इसके पीछे है ज़रूर,
यक-ब-यक जो आप इतना प्यार बरसाने लगे।

क्या ग़ज़ब है ये कि जब उम्र ढली जाती है

क्या ग़ज़ब है ये कि जब उम्र ढली जाती है,
सीखने की भी तलब और बढ़ी जाती है।

ऐसे रिश्तों की 'इमारत को भला क्या ख़तरा,
जिसकी बुनियाद भरोसे पे रखी जाती है।

बाज़ औक़ात नहीं लगती है अच्छी दिल को,
बात औरों की मगर फिर भी सुनी जाती है।

क्या हुआ जाने मुहब्बत के हसीं गुलशन में,
बेल नफ़रत की जो ये आज फली जाती है।

आज के दौर की इस नक़ली चमक के हाथों,
सादगी रोज़ ही पग-पग पे ठगी जाती है।

तजरुबे से ही ये सीखा है सलीक़ा हमने,
कौन सी बात कहाँ कैसे कही जाती है।

एक दिन बनती है ज़ालिम की तबाही का सबब,
आह मा'सूम की ख़ाली न कभी जाती है।

बदला-बदला उसका लहजा लगता है

बदला-बदला उसका लहजा लगता है,
वो भी कुछ-कुछ कान का कच्चा लगता है।

रोज़ पुलाव पकाएँ आप ख़यालों के,
इसमे थोड़ी कोई पैसा लगता है।

कुछ मजबूरी होती है वरना किसको,
फुटपाथों पर सोना अच्छा लगता है।

तरही मिसरे पर इतनी आसानी से,
तुम ही बतलाओ क्या मिसरा' लगता है?

जाने हुई क्या शान में गुस्ताख़ी हमसे,
मूड हुज़ूर का उखड़ा-उखड़ा लगता है।

चेहरे पर मायूसी, आँखों मे दरिया,
वो तो कोई वक़्त का मारा लगता है।

बाल भले ही पक जाएँ उसके लेकिन,
माँ को उसका बेटा बच्चा लगता है।

और कुछ समझे थे हम गुफ़्तार से

और कुछ समझे थे हम गुफ़्तार से,
और ही कुछ निकला वो किरदार से।

कितनी ख़बरों में मिलावट हो गई,
सच पता चलता नहीं अख़बार से।

पैरवी करते रहे सच्चाई की,
हम गिरे हरगिज़ नहीं मे'यार से।

लाख कोशिश कीजिए, होगा नहीं,
काम सूई का कभी तलवार से।

कामयाबी भी मिलेगी एक दिन,
चल रहे हैं वक़्त की रफ़्तार से।

काश! नफ़रत बाँटने वाले कभी,
जीतकर देखें दिलों को प्यार से।

छीन लीं हैं आज सारी रौनक़ें,
कलमुँही महँगाई ने त्योहार से।

पंछी नभ में उड़ता था ये बात पुरानी है

पंछी नभ में उड़ता था यह बात पुरानी है,
अब तो बस पिंजरा है, उसमें दाना-पानी है।

आरी थामे जंगल की जानिब जाते देखे,
जो कहते थे हरियाली की शान बचानी है।

आज सफलता चूम रही है जो इन क़दमों को,
इसके पीछे संघर्षों की सख़्त कहानी है।

मुस्काते हैं असली भाव छुपाकर चेहरे के,
उन लोगों का हँसना-मुस्काना बेमा'नी है।

होता है जग में सबका क्यों यूँ आना-जाना,
आज तलक भी बात भला ये किसने जानी है।

बाँध लिया है अपना बिस्तर बरखा देवी ने,
आने वाली हाड़ कँपाती सर्दी रानी है।

रोक रहा है रस्ता मेरा पर इतना सुन ले!
ग़म के पर्वत तुझको आख़िर मुँह की खानी है।

गर ज़रा सच की पैरवी कर दी

गर ज़रा सच की पैरवी कर दी,
बात क्या हमने कुछ बुरी कर दी?

चैन आया तभी चराग़ों को,
जब अँधेरों की रुख़सती कर दी।

कोई मुश्किल तो हल न की उसने,
एक मुश्किल नई खड़ी कर दी।

जिससे डर था कि बात काटेगा,
बात उसने मेरी बड़ी कर दी।

नम हैं आँखें सभी की महफ़िल में,
आपने अच्छी शा'इरी कर दी।

उनकी यादों के मस्त मौसम ने,
दिल की बग़िया हरी-भरी कर दी।

आज़माकर मुसीबतों ने 'विवेक',
कितनी आसान ज़िंदगी कर दी।

जुमले और नारे ही सिर्फ़ उछाले हैं

जुमले और नारे ही सिर्फ़ उछाले हैं,
मुद्दे तो हर बार उन्होंने टाले हैं।

देख रहे हैं वो चुपचाप चमन जलता,
कैसे कह दें हम उनको,रखवाले हैं।

बाग़ों से ही सिर्फ़ नहीं पहचान रही,
सहरा भी सब हमनें देखे-भाले हैं।

अम्नो-अमाँ की बातें करने वालों के,
हाथों में कैसे ये बरछी-भाले हैं।

जंग लड़ी है हर पल घोर अँधेरों से,
यूँ ही थोड़ी हासिल आज उजाले हैं।

साथ चलेंगे वक़्त के,साँसें रहने तक,
हम न ज़रा भी पीछे रहने वाले हैं।

चाय मनीला में,लंदन में लंच-डिनर,
दौलत वालों के तो ठाठ निराले हैं।

गए साल जैसा न फिर हाल होगा

गए साल जैसा न फिर हाल होगा,
तवक़्क़ो' है अच्छा नया साल होगा।

मुहब्बत के हर सू परिंदे उड़ेंगे,
कहीं नफ़रतों का न अब जाल होगा।

बढ़ेगी न केवल अमीरों की दौलत,
ग़रीबों का तबक़ा भी ख़ुशहाल होगा।

सुगम होंगी सबके ही जीवन की राहें,
न भारी किसी पर नया साल होगा।

सलामत रहेगी उजाले की हस्ती,
अँधेरा जहाँ भी है पामाल होगा।

उठाएँगे ज़िल्लत यहाँ झूठ वाले,
बुलंदी पे सच्चों का इक़बाल होगा।

न होगा फ़क़त फ़ाइलों-काग़ज़ों में,
हक़ीक़त में भी मुल्क ख़ुशहाल होगा।

ख़ुद में जो विश्वास ज़रा पैदा हो जाता है

ख़ुद में जो विश्वास ज़रा पैदा हो जाता है,
पर्वत जैसा ग़म भी राई-सा हो जाता है।

कम कैसे समझें हम उसको एक फ़रिश्ते से,
मुश्किल में जो आकर साथ खड़ा हो जाता है।

कहता है काग़ज़ की कश्ती जल में तैराऊँ,
मन मेरा अक्सर जैसे बच्चा हो जाता है।

लोग भी कहते हैं और हमने भी महसूस किया,
चुप रहने पर ग़ुस्सा कुछ ठंडा हो जाता है।

रहते हैं जब दूर नज़र से कुछ दिन अपनों की,
ख़ूँ का रिश्ता और अधिक गहरा हो जाता है।

बात नहीं है अपनेपन की कोई पहले-सी,
अब तो बस रस्मन उनसे मिलना हो जाता है।

ख़ैर-ख़बर लेने जब आ जाता है कोई अपना,
बोझ ग़मों का सच मानो आधा हो जाता है।

जब उनकी यादों का आना होता है

जब उनकी यादों का आना होता है,
दिल का चैन-सुकूँ छिन जाना होता है।

जिसको मिल जाना है इक दिन मिट्टी में,
उस तन पर कितना इतराना होता है।

लगते हैं वो रस्ते भी अनजान कभी,
जिनसे अक्सर आना-जाना होता है।

शक के ना-हक़ वार न करिए रिश्तों पर,
नाज़ुक इनका ताना -बाना होता है।

गढ़ता है सौ झूठ नए अक्सर इंसाँ,
जब कोई इक झूठ छुपाना होता है।

अपनी हस्ती खोकर नदिया को इक दिन,
खारे जल का मान बढ़ाना होता है।

आ जाता है वो सूरज के रस्ते में,
कुहरे को जब रोब दिखाना होता है।

जिसका साहस जाग उठा हो ठोकर खाने से

जिसका साहस जाग उठा हो ठोकर खाने से,
कैसे वंचित रह सकता है मंज़िल पाने से।

क्या बतलाएँ इस दिल को कितनी तस्कीन मिली,
इक बेकस की ओर मदद का हाथ बढ़ाने से।

पिज़्ज़ा - बर्गर का जाने ये कैसा स्वाद लगा,
बच्चे दूर हुए जाते हैं घर के खाने से।

'गीता' के उपदेशों ने वो संशय दूर किया,
रोक रहा था जो अर्जुन को वाण चलाने से।

जब दिल से दिल का ही सच्चा मेल नहीं होता,
क्या हासिल है फिर आपस में हाथ मिलाने से।

बात समझकर भी जो नासमझी का ढोंग करें,
क्या हासिल होना है ऐसो को समझाने से।

वो क्या सोचे बीती क्या मा'सूम परिंदो पर,
आँधी को फ़ुरसत ही कब है पेड़ गिराने से।

चिपके रहते हों जब सारे बच्चे गूगल-ज्ञानी से

चिपके रहते हों जब सारे बच्चे गूगल-ज्ञानी से,
कौन सुने फिर आज कहानी-क़िस्से, दादी-नानी से।

आख़िर कोई बताए मीठे पानी वाली वो नदियाँ,
जाकर क्यों मिल जाती हैं सागर के खारे पानी से?

उल्टे और लुभाता है उसको तो उनका भोलापन,
माँ नाराज़ नहीं होती है बच्चों की नादानी से।

मुश्किल को दुनिया में मुश्किल कहता भी फिर कौन भला,
मुश्किल हल हो जाया करती जो इतनी आसानी से।

फिर तुझको आबाद करेंगी मीठी - मीठी कुछ यादें,
इतना भी मायूस न हो दिल इस वक़्ती वीरानी से।

आपस के मतभेद मिटाएँ,आओ बैठें बात करें,
बात नहीं बननी है कुछ यूँ झिक-झिक खींचा-तानी से।

वैसे हिन्दू और मुसलमाँ में तो कोई फ़र्क़ नहीं,
सिर्फ़ सियासत लड़वाती है राहुल को रमज़ानी से।

है ये छल-भर और नहीं कुछ

है ये छल-भर और नहीं कुछ,
उनका ऑफ़र और नहीं कुछ।

काश!समझ आए झूठों को,
साँच बराबर और नहीं कुछ।

नादाँ हैं ये कहने वाले,
धन से बढ़कर और नहीं कुछ।

है केवल आँखों का धोखा,
जादू-मंतर और नहीं कुछ।

गाल बजाने हैं बस उनको,
करना दिन भर और नहीं कुछ।

रिश्वत का बाज़ार गरम है,
दफ़्तर-दफ़्तर और नहीं कुछ।

माँग रहे हैं आज युवा बस,
काम के अवसर और नहीं कुछ।

प्यार-वफ़ा से जिनको रग़बत होती है

प्यार-वफ़ा से जिनको रग़गबत होती है,
वो क्या जाने कैसी नफ़रत होती है।

बैठे-बैठे गाल बजाते रहते हैं,
कुछ लोगों को कितनी फ़ुर्सत होती है।

साँप बना देते हैं पल में रस्सी का,
कुछ लोगों की ऐसी फ़ितरत होती है।

रहते हैं हर वक़्त क़रीब गुलाबों के,
काँटों की क्या अच्छी क़िस्मत होती है।

मुँह पर कुछ कहना और पीछे कुछ कहना,
ऐसे लोगों से तो नफ़रत होती है।

सब में केवल नुक़्स निकाला करते हैं,
कुछ लोगों की कैसी 'आदत होती है।

रोक सके जो राह 'विवेक' उजाले की,
ज़ुल्मत में कब इतनी हिम्मत होती है।

इक बाग़बाँ के दस्ते-हुनर के कमाल से

इक बाग़बाँ के दस्ते-हुनर के कमाल से,
पौधे हुए दरख़्त बड़ी देख-भाल से।

है आपके उरूज की फिर क्या मियां!बिसात,
सूरज तलक तो बच न सका है ज़वाल से।

धमकाके बातचीत की करता है पेशकश,
रहिएगा होशियार पड़ोसी की चाल से।

अपनी मिसाल आप बनेंगे जहान में,
क्या लेना हमको और किसी की मिसाल से।

कैसे रहे बहाल भला राबिता-रसूख़,
मिलता नहीं ख़याल कोई उनके ख़याल से।

अफ़सोस!उनकी और ही कुछ निकली असलियत,
लगते थे जो शरीफ़ हमें चाल-ढाल से।

तुमने 'विवेक' दुखती हुई रग को छू लिया,
नाराज़ क्यों न हों वो तुम्हारे सवाल से।

कुहरे-धुंध के रोब में आना पड़ता है

कुहरे -धुंध के रोब में आना पड़ता है,
सूरज को भी तेज गँवाना पड़ता है।

इच्छाओं के भरमाने में मत आना,
इस मन को अक्सर समझाना पड़ता है।

चमकी है यूँ ही तक़दीर भला किसकी,
महनत से उसको चमकाना पड़ता है।

बज़्मे- सुख़न में रंग जमाने की ख़ातिर,
'आम नहीं कुछ ख़ास सुनाना पड़ता है।

हैराँ हैं हम देखके,आज सियासत में,
मन्दिर-मस्जिद को लड़वाना पड़ता है।

हाल भले ही ठीक न हो अपने दिल का,
दुनिया को पर ठीक बताना पड़ता है।

ये सुनकर खिलनी ही थीं उनकी बाँछें,
आगे रस्ते में मयख़ाना पड़ता है।

इसको लेकर ही उनको दुश्वारी है

इसको लेकर ही उनको दुश्वारी है,
जनता में क्यों अब इतनी बेदारी है।

समझेंगे क्या दर्द किराएदारों का,
बरसों से जिन पर बँगला सरकारी है।

सच ये है,कुछ भी हालात नहीं बदले,
जनता तो बेचारी थी, बेचारी है।

बैठा है शकुनी कोई, चौसर लेकर,
एक महाभारत की फिर तैयारी है।

फिर वो ही झूठी क़समें, झूठे वा'दे,
नस-नस में उनकी कितनी मक्कारी है।

औरों-सा बनकर पहचान कहाँ होती,
अपने-से हैं तो पहचान हमारी है।

दुख का ही केवल अधिकार नहीं इस पर,
जीवन में सुख की भी हिस्सेदारी है।

जब से मुजरिम पकड़के लाए हैं

जब से मुजरिम पकड़के लाए हैं,
फोन थाने के घनघनाए हैं।

ये ही सिन्फ़-ए-ग़ज़ल का जादू है,
अच्छे- अच्छे ग़ज़ल पे आए हैं।

फिर अँधेरों से यह गिला कैसा,
जब दिये ही नहीं जलाए हैं।

उफ़ नहीं की मगर कभी हमने,
ज़ख़्म पर ज़ख़्म दिल ने खाए हैं।

देख ली उनके हाथ में आरी,
पेड़ यूँ ही न थरथराए हैं।

ग़म ही दर-पेश हैं यूँ तो कब से,
लब पे फिर भी हँसी सजाए हैं।

और कुछ देर बैठिए साहिब,
एक मुद्दत के बाद आए हैं।

याद फिर उनकी दिलाने पे तुली है दुनिया

याद फिर उनकी दिलाने पे तुली है दुनिया,
चैन इस दिल का मिटाने पे तुली है दुनिया।

चोर को शाह बताने पे तुली है दुनिया,
अपना मे'यार घटाने पे तुली है दुनिया।

आज नफ़रत की हवाओं की हिमायत करके,
प्यार का दीप बुझाने पे तुली है दुनिया।

अपने आ'माल पर कुछ ग़ौर नहीं करती कभी,
बस मेरे 'ऐब गिनाने पे तुली है दुनिया।

होगा क्या इससे बड़ा और भला कोई सितम,
दिन को अब रात बताने पे तुली है दुनिया।

रात-दिन होड़ यूँ हथियारों की पैदा करके,
क्यों वजूद अपना मिटाने पे तुली है दुनिया ?

ख़ास मतभेद नहीं उसके मेरे बीच,मगर-
साँप रस्सी का बनाने पे तुली है दुनिया।

फ़िक्र के पंछियों को उड़ाया बहुत

फ़िक्र के पंछियों को उड़ाया बहुत,
उसने अपने सुख़न को सजाया बहुत।

हौसले में न आई ज़रा भी कमी,
मुश्किलों ने हमें आज़माया बहुत।

उसने रिश्तों का रक्खा नहीं कुछ भरम,
हमने अपनी तरफ़ से निभाया बहुत।

लौ दिये ने मुसलसल सँभाले रखी,
आँधियों ने अगरचे डराया बहुत।

हुस्न कैसे निखरता नहीं रात का,
चाँद-तारों ने उसको सजाया बहुत।

मिट गई तीरगी सारी तनहाई की,
उनकी यादों से दिल जगमगाया बहुत।

राज करने में सबके दिलों पर 'विवेक',
शा'इरी का हुनर काम आया बहुत।

बस मंजिल की ठाने हैं

बस मंज़िल की ठाने हैं,
पग रुकना कब जाने हैं।

डाल उदर में कुछ रमुआ,
दिन भर ढोर चराने हैं।

चखती जाए है शबरी,
प्रभु को बेर खिलाने हैं।

संग ख़ुशी के ग़म के भी,
जीवन में अफ़साने हैं।

ख़ुश हैं लोग लतीफ़ों से,
अब क्या शे'र सुनाने हैं।

आप रखें चीनी झालर,
हमको दीप जलाने हैं।

शुक्र है, कुछ अहबाब हमें,
स्वार्थ बिना पहचाने हैं।

सुख का है क्या साधन जो अब पास नहीं

सुख का है क्या साधन जो अब पास नहीं,
जीवन में फिर भी पहले-सा हास नहीं।

मर्यादा पुरुषोत्तम का वन में रहना,
एक वचन का पालन था वनवास नहीं।

उठ ही आना था फिर उनकी महफ़िल से,
रंग हमें जब उसका आया रास नहीं।

कर लेते हैं ख़ूब यक़ीं अफ़वाहों पर,
लोगों को सच पर होता विश्वास नहीं।

दरिया को जो अपनी ख़ुद्दारी बेचे,
मेरे होठों पर हरगिज़ वो प्यास नहीं।

कोई बदलता है दिन मे दस पोशाकें,
पास किसी के साबित एक लिबास नहीं।

ध्यान-भजन-पूजा-अर्चन हैं व्यर्थ सभी,
मन में जब तक सच्चाई का वास नहीं।

नहीं हैरत, जो हमसे हो रही है

नहीं हैरत, जो हमसे हो रही है,
शिकायत सबसे ही उनको रही है।

यहाँ अम्नो-अमाँ की राह में अब,
सियासत रोज़ काँटे बो रही है।

उन्हें है मंज़िलों की जुस्तजू भी,
चमक भी हौसलों की खो रही है।

रहे औलाद की ता'लीम जारी,
घरों में माँ,तो बरतन धो रही है।

बिकेगी आज पुरखों की विरासत,
हवेली सोचकर ये रो रही है।

ये रिमझिम बारिशों का है करिश्मा,
अकड़ गर्मी की जो कम हो रही है।

उजाले से तो फिर होगी ही दिक़्क़त,
उन्हें ज़ुल्मत की 'आदत जो रही है।

ख़ूब देकर ख़बर गया मौसम

ख़ूब देकर ख़बर गया मौसम,
ख़ौफ़ ज़ह्नों में भर गया मौसम।

लोग मिलते थे बिन ग़रज़ के यहाँ,
वो तो कब का गुज़र गया मौसम।

मेह बरसाके ख़ुश्क फ़सलों पर,
मोतियों-सा बिखर गया मौसम।

आह निकली है अन्नदाता की,
हाय!क्या ज़ुल्म कर गया मौसम।

की गई छेड़-छाड़ क़ुदरत से,
यूँ ही थोड़ी बिफर गया मौसम।

खिल उठा दिल,जब उनकी यादों का,
सहने-दिल में उतर गया मौसम।

देखिए तो 'विवेक' ! घाटी के,
हुस्न पर जादू कर गया मौसम।

कहीं उम्मीद से कम हो रही है

कहीं उम्मीद से कम हो रही है,
कहीं बारिश झमाझम हो रही है।

नहीं है मुद्द'आ जो बह्स लाइक़,
उसी पर बह्स हरदम हो रही है।

ग़ज़ल पूरी नहीं होने में आती,
ये कैसी फ़िक्र बरहम हो रही है।

नहीं है ग़म सबब इन आँसुओं का,
ख़ुशी में आँख ये नम हो रही है।

किसी वी आई पी का केस होगा,
अगर सुनवाई इक-दम हो रही है।

है कुछ तनख़्वाह भी हज़रत की मोटी,
फिर ऊपर की भी इनकम हो रही है।

खनन के ज़ख़्म खा-खाकर मुसलसल,
नदी की धार बे-दम हो रही है।

वक़्त ने जो निगाह टेढ़ी की

वक़्त ने जो निगाह टेढ़ी की,
लुट गईं रौनक़ें हवेली की।

लोग शुहरत की आस रखते हैं,
पढ़के ग़ज़लें तमाम चोरी की।

साथ तन के जो मन भी रँग जाएँ,
हो अलग बात फिर तो होली की।

इसलिए भी बहुत से हैराँ थे,
हमने हर एक बात सीधी की।

ज़िक्र जो छिड़ गया था झुमके का,
याद आनी ही थी बरेली की।

चाकरी करना सेठ की जैसे,
कुंडली में लिखा हो छेदी की।

शा'इरों की कहाँ,मियाँ!अब तो,
धूम है मसख़रों की टोली की।

है उसमें बड़ा हौसला जानते हैं

है उसमें बड़ा हौसला जानते हैं,
लड़ेगा हवा से दिया, जानते हैं।

सुना है नशे और भी हैं,मगर हम,
फ़क़त शा'इरी का नशा जानते हैं।

न मंज़िल से पहले क़दम ये रुकेंगे,
है बेशक कठिन रास्ता जानते हैं।

ये महलों ये बँगलों ये कारों के मालिक,
ग़रीबी के बारे में क्या जानते हैं?

सदा चापलूसी ही की हो जिन्होंने,
हमें देंगे क्या मश्वरा, जानते हैं।

न हल कोई ये मसअला होने देगी,
सियासत का हर पैंतरा जानते हैं।

मियाँ! छोड़िए भी हमें वरग़लाना,
ब-ख़ूबी हम अच्छा-बुरा जानते हैं।

इसे ले चल मुनासिब रास्ते पर

इसे ले चल मुनासिब रास्ते पर,
दया कर रहनुमा कुछ क़ाफ़िले पर।

करें अब तो बुलंद आवाज़ हक़ की,
रहेंगे कब तलक यूँ हाशिए पर।

मिले ग़म-ख़्वार भी, ऐसा नहीं है,
नमक छिड़का हो सबने ही जले पर।

है कैसी इंतिहा ये बेहिसी की,
सियासत हो रही है हादिसे पर।

नहीं करनी है ज़ालिम की हिमायत,
छुरी को लाख वो रख दे गले पर।

छुड़ा देते हैं छक्के मुश्किलों के,
यक़ीं हो जिनको अपने हौसले पर।

न समझें आप अच्छा शा'इरी को,
हमें तो फ़ख़्र है इसके नशे पर।

कुओं-तालों में अब पानी नहीं है

कुओं-तालों में अब पानी नहीं है,
नदी में भी वो तुग़यानी नहीं है।

सभी के ज़ख्मों पर रखना है मरहम,
किसी को चोट पहुँचानी नहीं है।

दुखों में भी ये कहते थे पिता जी,
मुझे कुछ दुख-परेशानी नहीं है।

करे जो ज्ञान पर अभिमान अपने,
वो कुछ भी हो मगर ज्ञानी नहीं है।

ख़ुदा-रा ख़त्म हो ये दौर इसमें,
उसूलों की निगहबानी नहीं है।

चुनावी घोषणा ठहरी चुनावी,
'अमल में वो कभी आनी नहीं है।

अलग हों शे'र में मिसरों की बहरें,
ग़ज़ल में इतनी आसानी नहीं है।

लोग जब सादगी से मिलते हैं

लोग जब सादगी से मिलते हैं,
हम भी फिर ख़ुश-दिली से मिलते हैं।

आदमी को क़रीने जीने के,
'इल्म की रौशनी से मिलते हैं।

ख़ैरियत लेने की ग़रज़ से नहीं,
दोस्त अब काम ही से मिलते हैं।

आस करते हैं जिनसे नरमी की,
उनके लहजे छुरी-से मिलते हैं।

राम जाने सियाह दिल लेकर,
लोग कैसे किसी से मिलते हैं।

वो रिटायर हैं नौकरी से मगर,
आज भी अफ़सरी से मिलते हैं।

दिल को नाकामियों के बोझ 'विवेक',
हौसलों की कमी से मिलते हैं।

इक मुकम्मल बयान तक पहुँची

इक मुकम्मल बयान तक पहुँची,
ख़ामुशी आसमान तक पहुँची।

ऊँट के मुँह में रख दिया ज़ीरा,
ख़ाक राहत किसान तक पहुँची।

जब गुज़ारी गई उसूलों पर,
ज़िंदगी आन-बान तक पहुँची।

आदमी-आदमी का ख़ूँ चाहे,
बेहिसी किस निशान तक पहुँची।

झूठा दा'वा है आपका साहिब,
रौशनी हर मकान तक पहुँची।

जिस्म भी कितना साथ दे आख़िर,
उम्र ही जब ढलान तक पहुँची।

चेतना उसकी हो गई निर्मल,
साधना जिसकी ध्यान तक पहुँची।

साँस लेते ही मैं निढाल हुआ

साँस लेते ही मैं निढाल हुआ,
हाय! कैसा हवा का हाल हुआ।

जो गुमाँ में नहीं था मेरे कभी,
उनकी जानिब से वो सवाल हुआ।

बात पहले-सी तो नहीं आई,
उनसे रिश्ता मगर बहाल हुआ।

ख़ुद उतरता गया वो शीशे में,
एक ही पैग में कमाल हुआ।

अच्छी तक़रीर कर गए हज़रत,
शहर में हर तरफ़ वबाल हुआ।

कैसे तनख़्वाह पर गुज़र कर ले,
घूस देकर जो लेखपाल हुआ।

उसको होना ही था धराशायी,
जिस क़दर पुल में गोलमाल हुआ।

अलग जीवन की रंगत हो गई है

अलग जीवन की रंगत हो गई है,
भलों की जब से सुहबत हो गई है।

कहा है जब से उसने साथ हूँ मैं,
हमारी दूनी ताक़त हो गई है।

तलब करने लगी अब हक़ रि'आया,
चलो इतनी तो हिम्मत हो गई है।

शिकायत कुछ नहीं हमको ग़मों से,
ग़मों को ये शिकायत हो गई है।

गुज़र कैसे करें तनख़्वाह में फिर,
उन्हें रिश्वत की जो लत हो गई है।

है जस की तस ही, लेकिन फ़ाइलों में,
ग़रीबी कब की रुख़सत हो गई है।

हमें भाये भी कैसे सिन्फ़ दूजी,
ग़ज़ल से जो मुहब्बत हो गई है।

रौशनी का यही निशाना है

रौशनी का यही निशाना है,
तीरगी को मज़ा चखाना है।

आस टूटे न क्यों युवाओं की,
शहर में मिल न कारख़ाना है।

भा गई है नगर की रंगीनी,
अब कहाँ उनको गाँव आना है।

लोग हैं वो बड़े घराने के,
उनका हर 'ऐब छुप ही जाना है।

वो सियासत में आ गए जब से,
मालो-ज़र का कहाँ ठिकाना है।

हमको हर ना-उमीद के मन में,
आस का इक दिया जलाना है।

और उम्मीद क्या करें उनसे,
हम पे इल्ज़ाम ही लगाना है।

हौसले जिनके जगमगाते हैं

हौसले जिनके जगमगाते हैं,
ग़म कहाँ उनको तोड़ पाते हैं।

दोस्त! कब तक यूँ लीक पर चलना,
चल नए रास्ते बनाते हैं।

'अक़्ल को क्या हुआ है लोगों की,
आरियाँ लेके वन में आते हैं।

फ़ैसला है जो चंद लोगों का,
आप सबका उसे बताते हैं।

छोड़िए बह्स क्या करें हज़रत,
आप हर बात को घुमाते हैं।

आप उनकी रसाई मत पूछो,
जेल से गैंग तक चलाते हैं।

शाम को सब थकान दफ़्तर की,
जाके बच्चों में भूल जाते हैं।

महफ़िल में सबको अपना परस्तार कर दिया

महफ़िल में सबको अपना परस्तार कर दिया,
शीरीं ज़ुबाँ से उसने चमत्कार कर दिया।

हम जैसों में कहाँ थी भला ये सलाहियत,
सुहबत ने शा'इरों की सुख़न-कार कर दिया।

ख़बरों में सच की पहले-सी ख़ुश्बू नहीं रही,
सो बंद हमने आज से अख़बार कर दिया।

क्या अब करें उमीद कोई हुक्मरान से,
पहले ही उसने कौन सा उपकार कर दिया।

रखते हैं अब हरेक क़दम देख-भालकर,
इतना तो ठोकरों ने समझदार कर दिया।

क़ाइम रहे हमारी किताबों से दोस्ती,
इसने ग़रीबे-फ़िक्र को ज़रदार कर दिया।

आती है शर्म आज बताते हुए 'विवेक',
लोगों ने राजनीति को व्यापार कर दिया।

कवि/ग़ज़लकार परिचय

ओंकार सिंह 'विवेक'

पिता : श्री पी० एल० सैनी

माता : श्रीमती रेवती

धर्मपत्नी: श्रीमती रेखा सैनी

जन्म तिथि : 01.06.1965

जन्म स्थान : जनपद रामपुर (उत्तर प्रदेश)

शिक्षा : बी०एस-सी०, सी०ए०आई०आई०बी० तथा सी०बी०टी०

संप्रति : बैंक प्रबंधक पद से स्वैच्छिक सेवानिवृत्त ग़ज़ल सृजन, समीक्षा,कंटेंट राइटिंग तथा टेक्स्ट ब्लॉगिंग आदि कार्यों में व्यस्त।

सृजन विधाएँ : मूलत: ग़ज़लकार इसके अतिरिक्त गीत/नवगीत/मुक्तक/कुंडलिया/ दोहा आदि ।

प्रकाशित कृतियाँ: "दर्द का एहसास" ग़ज़ल-संग्रह वर्ष-2021 तथा 'कुछ मीठा कुछ खारा' ग़ज़ल-संग्रह वर्ष-2024 में ।

प्रमुख साझा संकलन- 1.पटना, बिहार के वरिष्ठ शा'इर श्री रमेश कँवल द्वारा संपादित ग़ज़ल-संग्रह "इक्कीसवीं सदी के इक्कीसवें साल की बेहतरीन ग़ज़लें" में ग़ज़लें प्रकाशित।

2. मुरादाबाद,उत्तर प्रदेश की साहित्यिक, सांस्कृतिक एवं सामाजिक संस्था "संकेत" द्वारा वर्ष-2022 में प्रकाशित साझा काव्य-संकलन "साधना के पथ पर" में पाँच चुनिंदा रचनाकारों के साथ ग़ज़लें,नवगीत एवं दोहे प्रकाशित।

3. "ग़ज़ल कुंभ हरिद्वार-2023 ग़ज़ल-संग्रह" (संपादक दीक्षित दनकौरी) में ग़ज़ल प्रकाशित।

4. हिन्दुस्तानी भाषा अकादमी दिल्ली द्वारा वर्ष-2023 में देश भर के चयनित 50 ग़ज़लकारों के साथ साझा ग़ज़ल-संग्रह "गुलदस्ता-ए-ग़ज़ल" में ग़ज़लें प्रकाशित।

5.शीघ्र प्रकाश्य पुस्तक "ग़ज़ल दुष्यंत के बाद,भाग-4 (संपादक दीक्षित दनकौरी)" में प्रकाशित होने के लिए ग़ज़लें स्वीकृत।

*सदस्य स्क्रीन राइटर्स एसोशिएशन (S W A)मुंबई।

*आकाशवाणी रामपुर (उत्तर प्रदेश) से नियमित काव्य रचनाओं का प्रसारण।

*प्रथमा बैंक (अब प्रथमा यू पी ग्रामीण बैंक) मुरादाबाद की गृह पत्रिका "बुलंदियाँ"

का लगभग एक वर्ष तक संपादन किया।

सम्मान / पुरस्कार:

* वर्ष-2021 में निर्मला स्मृति साहित्य समिति चरखी दादरी, हरियाणा द्वारा "निर्मला स्मृति हिन्दी साहित्य गौरव सम्मान"।

*के बी हिन्दी सेवा न्यास (पंजीकृत)बिसौली,ज़िला बदायूँ (उत्तर प्रदेश) द्वारा वर्ष-2021 में "शकील बदायूँनी स्मृति सम्मान"।

* वर्ष-2022 में मुरादाबाद के प्रसिद्ध साहित्यिक, सांस्कृतिक एवं सामाजिक मंच "संकेत" द्वारा "समृद्ध लेखनी सम्मान-2022"।

• साहित्य मंडल श्रीनाथद्वारा, राजस्थान द्वारा वर्ष-2023 में "श्री रणछोड़लाल ठक्कर स्मृति सम्मान"।

• हिन्दुस्तानी भाषा अकादमी दिल्ली द्वारा वर्ष-2023 में श्रेष्ठ ग़ज़लकारों के साथ सम्मानित।

मेरी ग़ज़लें प्रतिष्ठित ऑनलाइन पटलों "रेख़्ता" तथा "कविता कोश" पर भी पढ़ी जा सकती हैं।

संपर्क-
'आदित्य सदन'
सत्याविहार फेज़ - 2
पी डब्ल्यू डी कार्यालय के सामने
रामपुर (उत्तर प्रदेश)-244901
मोबाइल : 9897214710
ई-मेल : oksrmp@gmail.com
ब्लॉग : www.vivekoks.blogspot.com
यूट्यूब चैनल : Onkar Singh 'Vivek'